U0941526

边界感是隐规则

如何在人际关系中设立边界

连山 / 编著

· 北京 ·

图书在版编目（CIP）数据

边界感是隐规则 / 连山编著 . — 北京 ： 文化发展出版社，2024. 11. — ISBN 978-7-5142-4464-9

Ⅰ . C912.11-49

中国国家版本馆 CIP 数据核字第 2024TM8983 号

边界感是隐规则

编　　著：连　山

出 版 人：宋　娜　　特约编辑：胡宝林
责任编辑：肖润征　　责任校对：岳智勇　马　瑶
责任印制：杨　骏　　封面设计：创巢视觉
出版发行：文化发展出版社（北京市翠微路 2 号 邮编：100036）
发行电话：010-88275993　010-88275711
网　　址：www.wenhuafazhan.com
经　　销：全国新华书店
印　　刷：德富泰（唐山）印务有限公司

开　　本：720mm × 1000mm　1/16
字　　数：163 千字
印　　张：13
版　　次：2024 年 11 月第 1 版
印　　次：2024 年 11 月第 1 次印刷

定　　价：68.00 元
I S B N ：978-7-5142-4464-9

◆ **如有印装质量问题，请电话联系：010-58815874**

前言

Preface

心理学专家曾奇峰有一个比喻：“悬崖的边界很清楚，所以我们不会靠得太近；但是水的边界比较模糊，所以经常会淹死人。”自然界里，不清晰的边界就像一个陷阱，常常杀人于无形。而在现实生活中，模糊的边界感也会给人带来困扰，造成误解和伤害。

所谓边界感是指在人际交往中识别他人的个人边界，并在交往过程中遵守和尊重这些边界的能力。换句话说，边界感是保护个人隐私和尊严的一种能力。边界感要求每个人在行为上能够把握好适当的度，不过分、不过度地表现情感，避免言行失当的行为举止的能力。换句话说，边界感是在人际交往、沟通和职场场合中遵循恰当行为的准则的能力。在职场中，边界感是指能够把握好交流的口吻和内容，言行得体地与同事、上级和外界沟通，达成良好的合作关系。

边界感在社交中确实被视为一种隐规则，它是一种微妙的社交规则，无形中规范着我们的行为。这种边界感是一种无形的线条，连接着每个人的心灵，确保在与他人的交往中既能保持自我，又能理解和尊重他人。它被描述为一种点到为止的默契，亲疏有度，是一种远近相安的社交态度。在成年人的世界里，边界感是一种重要的修养，它帮助我们维护自尊，保护自己的心理、情感、时间和精力等资源，同时也有助于人与人之间建立互信关系和提高沟通效果。

边界感的缺失可能会导致个人在人际交往中失去对生活的掌控感，难以实现自我独立，甚至可能有损心理健康。例如，心理边界不清可能会让人过度在意他人的想法和感受，从而导致个人的精神内耗，影响自我认同感。因此，设定和保护个人边界是维护心理健康与提升幸福感的关键。

在每个人的内心，都有着自己的心理距离和空间，它们控制着我们和别人的亲近距离，即使是亲密关系中如胶似漆的情侣，也不能毫无底线地闯入。你可以请对方来自己的领地参观，但绝对不能允许对方占领你的领地，更不能允许对方不经过你的同意来到你的领地，侵犯你的空间和尊严。同样的，你也不能允许自己对别人这样做，因为每个人的心里都留有一点最私密的心理空间，一旦被侵犯和控制，便再无规则底线。

本书通过现实的案例和生动的讲解，一步步教会读者如何设立适合自己的界限，如何处理界限冲突，以及如何在亲密关系、亲子关系、朋友关系、职场关系和其他高难度的人际关系中建立正确的边界感，找到保护“内心秘密花园”的智慧和勇气，学会建立互相尊重、舒适健康的人际关系。

目录

Contents

第三章
果断远离那些没有边界感的人

第五章

所谓边界感，就是把握好社交的分寸感

第六章

职场中不可逾越的隐形红线——边界感

第七章 最舒服的亲密关系，是保持边界感

第八章 没有边界感的父母，注定是孩子的灾难

第一章 边界感是隐规则，做个讲道理有底线的人

你那么好说话，无非是没有边界感

今天，仿佛所有的事情都堆到了一块儿！除了日常事项，再加上一些突发事情，工作都撞在了一起，让林丽感到喘不过气来。但是……“林丽，把这份文件送到市场部。”电话那头，经理有了最新指示。林丽送文件回来后还没来得及坐下，“林丽，赶紧帮我发个传真。”小张说。“还有，回来时顺便帮我带杯咖啡。”小田不失时机地说。

林丽皱了皱眉头，虽然嘴上没说什么，但是心里极不爽。作为新人，因刚来，工作还没上手，经常要麻烦同事帮忙，所以只要力所能及，林丽都乐意帮其他同事做事，希望能够更快地融入新的环境中。但是没有想到，不知从何时起，同事们有什么事情都习惯差遣她，什么闲杂的工作都叫她去做：这个叫她去复印，那个叫她送文件……

她感到很郁闷！当她端着小田要的咖啡走进办公室时，刚好撞见了经理。经理看了看她，一脸的不快，皱着眉头说：“小林，你怎么老是进进出出啊？”林丽哑巴吃黄连，有苦说不出。而小田他们只是抬头看了她一眼，马上低头做忙得不亦乐乎状！当同事们在忙自己的工作时，林丽却放下手头的工作，忙着给他们发传真、端咖啡、送文件！当同事们得到经理表扬时，她却挨经理的批评！林丽越想越气，感觉眼泪都要流下来了。

遇到这样的情况，你是不是很冤枉？为了满足别人的需求，你花费了那么多的时间和精力，换来的却是这样的结果。你不禁委屈道：真不公平啊，我这样对他们，竟换不来他们的感激，反而被他们轻视。当你偶尔帮助别人做一些事务性工作，并一再强调自己分身乏术时，别人会觉得你对他的帮助非常难得，因此感激你；而当你经常性地主动帮助别人时，别人习以为常后会产生错觉：这是你“应该做的”。

你的工作量不停增加，这还都只是小事，只是你辛苦点罢了，最重要的是如果在帮助别人之前没有搞清楚事情的来龙去脉，很可能背黑锅、犯错误都说不定。

要想打破这种局面，就要敢于说“不”。你不敢说“不”，不敢拒绝的原因，是因为你太在乎对方的反应，你在担心他（她）因为你的拒绝而愤怒。但事实上，你才是那个感到愤怒和不安的人，因为你违心地答应了别人的要求。要拒绝别人，又不想让他觉得你冷漠无情、自私自利，下面有几种方法，能帮助你找到合适的说辞，大大方方地说“不”。

1.“不，但是……”

你的新同事在工作忙得不可开交的时候，想请一天假。你可以说：“我想可能不行，但是如果你能在请假的前几天里，用休息时间多做一些工作，我认为你请假会比较恰当。”你拒绝了对方的请求，但你同时找到了改变自己决定的可能性，即如果对方能按你的要求去做，你会同意他（她）的请求。

2. 提出诚恳的建议

一个刚失业的朋友正在找工作，他听说你所在的公司正在招聘，跃跃欲试。你发现他并不是那份工作的合适人选，他却说：“你能向上级推荐我吗？”你可以说：“我觉得那份工作并不适合你，你是一个很有创意的人，但我们公司正在寻找一个数学方面的人才。”你的朋友需要的是诚恳的建议，如果那份工作真的不适合他，你是在帮助他节省时间。

3. 欲抑先扬

一个关系较好的同事想升迁，在洗手间里她问你：“你现在一个月挣多少钱？”你可以说：“我觉得这次你会成功晋升的，因为你确实很有能力，但关于我的薪水，无可奉告。”先强调你想肯定的那个部分，那么说起“不”来，会容易得多。在这种情况下，对方往往不会再和你争论她所关心的这个不相干的话题。

4. 话题引导

你的同事常拖家带口地在你家借宿，而她却从来不邀请你去她家。你可以说：“我们都很喜欢你的宝贝女儿，但今晚不太方便，而且我觉得孩子们对我家已经没什么新鲜感了，要不哪天我带着孩子去你们家小住？”在拒绝的时候，你把话题引到了真正的原因上，也就是说，你在积极地解决问题。如果你一味地“好说话”，一旦表现出自己不顺从、有主见的一面，同事就会感到别扭，也不利于你的人际关系。因此，开始的时候就要表明这种意识，一定表现出自己的独立性和原则性，这样才能省去不必要的麻烦，又能赢得好人缘。

没有边界感会成就别人的强硬

泰德是某出版社的职员，由于自己是从外地应聘来的，在工作中他处处小心、事事谨慎。对每位同事都毕恭毕敬，与同事发生小摩擦，他从不据理力争，总是默默地走开。大家都认为他太老实，于是，都不把他当回事，以至于在许多事情上他总是吃亏。想起两年来同事们对他的态度，尤其在奖金分配上自己老是吃亏这些事，泰德心里觉得委屈。于是残酷的现实使他不得不对自己的为人处世进行反思。

有一天，办公室的一位同事擅离职守导致办公室丢失了东西。这位同事嫁祸给泰德，说是他代自己值的班。主任在会上通报这件事时，泰德马上站了起来，说道：“主任，今天的事你可以调查，查一查值班表。今天根本就不是我的班，怎么能说我不负责任？主任，有人是别有用心，想让我替他顶罪。并且，我要告诉你们，大家在一起共事也是有缘，我实在是不想和同事们争来争去。以后，谁要再像以前那样待我，对不起，我不会再客气了。”

经过这件事，泰德发现同事们对他的态度有了明显的转变。他也不想再扮演被人欺负的老实人角色了。

人与人之间的机会是平等的，即使竞争也是如此。所以，要想在办公室里和别人一样平等，就不能太过老实，像个软柿子一样，否则，你就会成为别人欺辱的对象。随着社会的发展，工作竞争日趋激烈，如果你以一个“弱者”的姿态出现在工作中，不但不会引起别人的同情，相反，还会使得每个人都想往你头上踩上一脚。所以，请收起你的懦弱，藏起你的老实，勇敢地面对竞争吧！只有竞争，才有进步和发展，才能创造出更好的成果，才能推动社会的进步和发展。

一般来讲忍让是老实人最大的特点。忍让往往让对方得寸进尺，直到令你忍无可忍。职场如此，社会亦如此。一味忍让不是办法，真正的职场生存法则是勇敢面对，从每一件小事做起，把握原则，坚持真理，杜绝邪恶，别让对方的无理取闹愈演愈烈，直到无法收拾的地步。

在工作中，时常会出现“欺软怕硬”的现象。如果过于老实，你的前程将会出现很大的危机。在上司眼里，一个连自己都保护不好的人，肯定是无法胜任重要职位的。所以，怎样才能不致因老实而成为受人欺负的对象是一门重要的学问。要改变被人欺负的现状，就必须强硬起来，与欺负你的人抗争，除此之外，还可以提高自己的办事能力。这样，那些原来欺负你的人就会有所收敛。

有些人认为“吃亏就是占便宜”，吃点小亏没什么，用阿Q精神来安慰自己。但是，在竞争日益激烈的当今职场，这种想法可行不通。你应注意自身修养，要做到胜任工作，守信用，不让个人情绪左右工作，脚踏实地地工作。进攻才是最好的防守，一味忍让，苦守在自己的城堡里，总有一天会被敌人攻下。唯一的办法是主动出击，保护自己，这样才能做到真正的防守。这样你才会成为上司眼中极具潜力的人，你的前途自然会不可限量。

以直报怨，让你的边界感清晰有效

有一天，著名经济学家茅于轼陪一位外宾去北京西郊戒台寺游览。他们叫了一辆出租车，来回 90 多千米，加上停车等待约两个小时，总计价 245 元。但茅先生发现司机没有按来回计价。按当时北京市的规定，出租车行驶超过 15 千米之后每千米从 1.6 元加价到 2.4 元。其理由是假定出租车已驶离市区，回程将是空车。但对于来回行驶，且不会发生空驶，全程应按每千米 1.6 元计价。显然，出租车司机多收费了。

此时，茅先生有两种选择：一是以眼还眼，以牙还牙，拒绝付款，甚至去举报司机的违规行为，让司机被处以停驶一段时间的处罚；二是以德报怨，不但付钱还给司机小费，以期能够感化司机。但是茅于轼先生做出了第三种选择，就是仍按规定付款，但告诉他，他已犯了规，让他以后改正。

从上面这个反映现实人际关系的小故事中，我们可以发现，当受到不公正的对待时，对自己最有利的一种策略就是茅于轼先生的第三种选择：以直报怨。

中国儒家思想讲究“恕道”，严于律己，宽以待人，甚至还有“唾面自干”的典故。这些教诲的意思是：当有人损害你的利益时，不要反抗，而应该委曲求全。

这些教诲从道德上不能说不对，从策略上说，无论“逆来顺受”还是

"以柔克刚"，也都有其合理性，但问题是逆来顺受之后会怎么样？一个可预见的结果是，一旦知道你会采取这种宽容策略，他们有可能采取背叛策略，进一步欺负你。

另一个可预见的结果是，对方会从你的"宽容"导致的纵容中得到"鼓励"，去欺负其他人，结果是，人人生活在一个邪恶的世界里。

所以，在人际、群际关系中，唾面自干、逆来顺受的情况不一定是良性的，以德报怨是应该酌情运用的。对恶行的惩罚、对恶人的威慑与对善行的奖励同样重要，甚至更为重要。世界各国都有详细缜密的法律规范本国人民的行为，作为个人，也要通过勇敢维护自己的权利，来回击恶意的侵犯，这样做不仅是为了自己，更是为了整个社会。

宽容固然可以避免不必要的争斗，但过度宽容就是软弱，它不仅无益，反而有害。只有以直报怨，才是正确之道。

善良过了底线，也是一种"罪"

春秋时，齐桓公死后，宋襄公不自量力，想接替齐桓公当霸主，但是，遭到了其他各诸侯国的反对。宋襄公发现郑国最支持楚国做盟主，便想找机会征伐郑国出口气。

周襄王十四年，宋襄公亲自带兵去征伐郑国。

楚成王发兵去救郑国，但他不直接去救郑国，率领大队人马直奔宋国。宋襄公慌了手脚，只得带领宋军连夜往回赶。等宋军在泓水扎好了营盘，楚国兵马也到了对岸。公孙固劝宋襄公说："楚兵到这里来，不过是为了援救郑国。咱们从郑国撤回了军队，楚国的目的也就达到了。咱们力量小，不如和楚国讲和算了。"

宋襄公说："楚国虽说兵强马壮，可是他们缺乏仁义；咱们虽说兵力不足，可是举的是仁义大旗。他们的不义之兵，怎么打得过咱们这仁义之师呢？”宋襄公还下令做了一面大旗，绣上“仁义”二字。天亮以后，楚国开始过河了。公孙固对宋襄公说：“楚国人白天渡河，这明明是瞧不起咱们。咱们趁他们渡到一半时，迎头打过去，一定会胜利。”宋襄公还没等公孙固说完，便指着头上飘扬的大旗说：“人家过河还没过完，咱们就打人家，这还算什么‘仁义’之师呢？”

楚兵全部渡了河，在岸上布起阵来。公孙固见楚兵还没整顿好队伍，赶忙又对宋襄公说：“楚军还没布好阵势，咱们抓住这个机会，赶快发起冲锋，还可以取胜。”

宋襄公瞪着眼睛大骂道：“人家还没布好阵就去攻打，这算仁义吗？”

正说着，楚军已经排好队伍，洪水般地冲了过来。宋国的士兵吓破了胆，一个个扭头就跑。宋襄公手提长矛，想要攻打过去，可还没来得及往前冲，就被楚兵团团围住，大腿上中了一箭，身上也好几处受了伤。多亏了宋国的几员大将奋力冲杀，才把他救出来。等他逃出战场，兵车已经损失十之八九，再看那面“仁义”大旗，早已无影无踪。老百姓见此惨状，对宋襄公骂不停口。

可宋襄公还觉得他的“仁义”取胜了。公孙固搀扶着他，他一瘸一拐地边走边说：“讲仁义的军队就得以德服人。人家受伤了，就不能再去伤害他；头发花白的老兵，就不能去抓他。我以仁义打仗，怎么能乘人危难的时候去攻打人家呢？”

那些跟着逃跑的将士听了宋襄公的话，只得叹气。

确实，善良过了底线也是一种“罪”，过度的不分场合的“善良”，有时会演变成悲剧。有这样一则寓言：

一匹狼跑到牧羊人的农场，想偷一只羊。牧羊人的猎犬追了过来，这只猎犬非常高大凶猛，狼见打不过又跑不掉，便趴在地上流着眼泪苦苦哀求，发誓它再也不会来打这些羊的主意。猎犬听了它的话，又看它流了泪，非常不忍，便放了这匹狼。想不到这匹狼在猎犬回转身的时候，纵身咬住了猎犬的脖子。临死之际，猎犬伤心地说："我本不应该被狼的话感动的！"

因此，在不该仁义的时候就要坚持原则和遵从事物发展的规律，切不可因己之"仁"伤害了更多无辜之人甚至丢掉自己的性命。

做好人，但不做没有边界感的滥好人

人可以温和，可以做好人，但不可以软弱，不可以过度做好人，就如同杯子留有空间就不会因加进其他液体而溢出来，气球留有空间便不会因再灌进一些空气而爆炸，年轻人做人做事给自己留下空间，便不会让自己力不从心。

凡事都往自己身上揽，唯恐得罪人的结果就是不仅加重别人对你的依赖，也加重了自己的负担，弄得自己不堪重负。就算是超人，有三头六臂，我们也不可能在所有的事情上让所有的人都满意。如果你总是怕对方不满意，谨小慎微地察言观色，揣摩别人的心思，受累的只是你自己。

人生在世，待人接物，和颜悦色、与人为善没有错，因为善良的人还是占多数的，大家还是可以和和气气地相处的。然而，工作、生活中也少不了各种各样的矛盾，但矛盾只要不是很尖锐，更多的还是相安无事。所谓凡事好商量，有话好好说，都是人们待人接物中常有的温和态度和常用的退让方法。

但是，这并不是让人在任何时候都采用温和的手段，若你越是好言相劝、苦口婆心地讲道理，他越是不依不饶，在这样的情况下，你就不应该继续温和了，而是应该采取明确的态度，说明你的原则和立场。

你的宽容，不应该不辨是非

“痛打落水狗”可以理解为把事情做彻底，不留隐患。对坏人要看清其本质，不姑息迁就，但不能乘人之危、落井下石。

隋大业十三年（617），盘踞在洛阳的王世充与李密对峙。此前，王世充在兴洛仓战役中几乎被李密打得全军覆没，不敢再与他交锋了。

不过，王世充很快重整旗鼓，准备与李密再决胜负。现在还有一个问题令他发愁，那就是粮食。洛阳外围的粮仓都已被李密控制，城内的粮食供应一直显得非常紧张。他的部队也不例外，因为常常填不饱肚子，每天都有人偷偷跑到李密那边去。王世充很清楚，如果粮食问题不能得到及时的解决，他想留住士兵们的一切努力终归是徒劳的，更甭提什么战胜李密。

在既无实力夺粮，又不可能从对手那里借粮的情况下，王世充想到了一个好主意：用李密目前最紧缺的东西去换取他的粮食。

王世充派人过去实地了解，回报说李密的士兵大都为衣服单薄而头痛。这就好办了！王世充欣喜若狂，当即向李密提出以衣易粮。李密起初不肯，无奈邴元真等人各求私利，老是在他耳边聒噪，说什么衣服太少会严重影响军心的安定，等等，李密不得已，只好答应了。

王世充换来了粮食，部队的缺粮局面得到了根本的改观，士气进一步提振，尤其士兵叛逃至李密部的现象日益减少。李密也很快察觉了这一问题，连忙下令停止交易，但为时已晚。李密无形中已替王世充养了一支精兵，也就是为他自己的前景徒然增添了许多难以预想的麻烦。

后来，恢复生机的王世充大败李密。这时，李密才后悔莫及。

委屈自己成全别人，只是感动了自己而已

开口说话要有分寸，不能信口雌黄，不能搬弄是非。

有一个国王，他十分残暴且刚愎自用。但他的宰相却是一个十分聪明、善良的人。国王有个理发师，常在国王面前搬弄是非，为此，宰相严厉地责备了他。从那以后，理发师便对宰相怀恨在心。

一天，理发师对国王说："尊敬的大王，请您给我几天假和一些钱，我想去天堂看望你的父母。"

昏庸的国王很是惊奇，便同意了，并让理发师代他向自己的父母问好。

理发师选好日子，举行了仪式，跳进了一条河里，然后又偷偷爬上了对岸。过了几天，他趁许多人在河里洗澡的时候，探出头，说自己刚从天堂回来。

国王立即召见理发师，并问自己父母的情况。

理发师谎报说："尊敬的国王，先王夫妇在天堂生活得很好，可再过10天，就要被赶下地狱了，因为他们丢失了自己生前的行善簿，所以要宰相亲自去详细汇报一下。为了很快到达天堂，应该让宰相乘火路去，这样先王就可以免去地狱之灾。"

国王听完后，立即召见了宰相，让他去一趟天堂。

宰相听了这些胡言乱语，便知道是理发师在捣鬼，可他又不好拒绝国王的命令，心想："我一定要想办法活下来，要惩罚这个奸诈的理发师。"

第二天凌晨，宰相按照国王的吩咐，跳入一个火坑中，然后国王命人架上柴火，浇上油点燃，顿时火光冲天。全城百姓皆为失去了正直的宰相而叹息，那个理发师也以为仇人已死，不免扬扬得意起来。

其实，宰相安然无恙，原来他早就派人在火坑旁挖了通道，他顺着通

道回到了家中。

一个月后，宰相穿着一身新衣，故意留着一脸胡子和长发，从那个火坑中走了出来，径直走向王宫。

国王听见宰相回来了，赶紧出来迎接。

宰相对国王说："大王，先王和太后现在没有别的什么灾难，只有一件事使先王不安，就是他的胡须已经长得拖到脚背上了，先王叫你派个老理发师去。上次那个理发师没有跟先王告别，就私自逃回来了。对了，现在水路不通了，谁也不能从水路上天堂去。"

第二天，国王让理发师躺在市中心的广场上，周围架起干柴，然后命人点上了火。顿时，理发师被烧得鬼哭狼嚎似的乱叫。这个搬弄是非的家伙终于得到了应有的惩罚。

理发师肯定没有想到，杀死自己的不是利剑，而是自己的"舌头"。

与人相处，以诚为重，当那些心术不正、好搬弄是非的人，欲置你于死地而惬意时，你的忍让就没有任何意义了。这时，你不妨"以其人之道，还治其人之身"，让他也尝一尝你的"舌头"的厉害。

但是，不到万不得已，还是要以宽容之心包容他人之过。但与此同时，你一定要端正自己的品行，不要搬弄是非，不要恶意中伤他人，因为搬弄是非者，往往都没有好下场！

忍无可忍，不做沉默的羔羊

在社会上，有些人总是本本分分、规规矩矩，他们在工作中任劳任怨，在生活中洁身自好，各个方面都达到了社会规范的基本要求。然而，他们即使被人欺负了，遭受了不公正的待遇还是忍气吞声，就像一只"沉默的羔羊"，他们这种逆来顺受的性格只会受到别人的再次侵害。俄国著名作家契诃夫的一篇文章就足以说明这一点。

一天，史密斯把孩子的家庭教师尤丽娅·瓦西里耶夫娜请到他的办公室来，需要结算一下工钱。

史密斯对她说："请坐，尤丽娅·瓦西里耶夫娜，让我们算算工钱吧！你也许要用钱，你太拘泥于礼节，自己是不肯开口的……喏……我们和你讲妥，每月30卢布……"

"40卢布……"

"不，30……我这里有记载，我一向按30卢布付教师的工资的……你待了两个月……"

"两个月零5天……"

"整两个月……我这里是这样记的。这就是说，应付你60卢布……扣除9个星期日……实际上星期日你是不和柯里雅学习的，只不过游玩……还有3个节日……"

尤丽娅·瓦西里耶夫娜骤然涨红了脸，牵动着衣襟，但一语不发。

"3个节日一并扣除，应扣12卢布……柯里雅有病4天没学习……你只和瓦里雅一人学习……你牙痛3天，我夫人准你午饭后歇假……12加7得19，扣除……还剩……嗯……41卢布。对吧？"

尤丽娅·瓦西里耶夫娜两眼发红，下巴在颤抖。她神经质地咳嗽起来，擤了擤鼻涕，但一语不发。

"新年底，你打碎一个带底碟的配套茶杯，扣除2卢布……按理茶杯的价钱还高，它是传家之宝……我们的财产到处丢失！而后，由于你的疏忽，柯里雅爬树撕破礼服……扣除10卢布……女仆盗走瓦里雅皮鞋一双，也是由于你玩忽职守，你应负一切责任。你是拿工资的嘛，所以，也就是说，再扣除5卢布……1月9日你从我这里支取了9卢布……"

"我没支过……"尤丽娅·瓦西里耶夫娜嗫嚅着。

“可我这里有记载！”

“嗯……那就算这样，也行。”

“41 减 26 净得 15。”

尤丽娅两眼充满泪水，修长而美丽的小鼻子渗着汗珠，多么令人怜悯的小姑娘啊！

她用颤抖的声音说道：“有一次我只从您夫人那里支取了 3 卢布……再没支取过……”

“是吗？这么说，我这里漏记了！从 15 卢布再扣除……喏，这是你的钱，最可爱的姑娘，3 卢布……3 卢布……又 3 卢布……1 卢布再加 1 卢布……请收下吧！”史密斯把 12 卢布递给了她，她接过去，喃喃地说：“谢谢。”

史密斯一跃而起，开始在屋内踱来踱去。“为什么说‘谢谢’？”史密斯问。

“为了给钱……”

“可是我洗劫了你，鬼晓得，这是抢劫！实际上我偷了你的钱！为什么还说‘谢谢’？”“在别处，根本一文不给。”

“不给？怪啦！我和你开玩笑，对你的教训是太残酷……我要把你应得的 80 卢布如数付给你！喏，事先已给你装好在信封里了！你为什么不抗议？为什么沉默不语？难道生在这个世界口笨嘴拙行吗？难道可以这样软弱吗？”

史密斯请她对自己刚才所开的玩笑给予宽恕，接着把使她大为惊疑的 80 卢布递给了她。她羞羞地过了一下数，就走出去了……

对于文中女主人公的遭遇，我们能用什么词汇来形容呢？懦弱、可怜、胆小，就像鲁迅先生说的“哀其不幸，怒其不争”？生活中，如果我们无端地被单位扣了工资，我们的反应又是怎样的呢？

人活着就要学会捍卫自己的利益，该是你的你无须忍让。除了抛弃这种“受气包”的心态，还要从心理上认同，有时“斤斤计较”并不丢脸。

不必睚眦必报，但也不必委曲求全

人生究竟应该以德报怨、以怨报怨，还是以直报怨呢？然而，我们的人生经验会告诉我们，有的人德行不够，无论你怎么感化，恐怕他也难以修成正果。人们常说江山易改本性难移，如果一个人已经坏到底了，那么我们又何苦把宝贵的精力浪费在他的身上呢？现代社会生活节奏的加快，使得我们每个人都要学会在快节奏的社会中生存，用自己宝贵的时光做出最有价值的判断、选择。你在那里耗费半天的时间，没准儿人家还不领情，既然如此，就不用再做徒劳的事情了。

电影《肖申克的救赎》中有一句非常经典的台词：“强者自救，圣人救人。”不要把自己当作一个圣人来看待，指望自己能够拯救别人的灵魂，这样做的结果多半是徒劳无益的，何不将时间用在更有价值的事情上呢？

当然，我们主张明辨是非。但是要记住，对方错了，要告诉他错在何处，并要求对方就其过错补偿。如果不论是非，就不能确定何为直。“以直报怨”，既要有道理，也要告诉对方，他哪里错了。

有人奉行“以德报怨”：你对我坏，我还是对你好；你打了我的左脸，我就把右脸也凑过去，直到最终感化你。有人则相反，以怨报怨：你伤害我，我也伤害你；以毒攻毒，以恶制恶，通过这种方法来消灭世界上的坏事。其实，二者都有失偏颇，以德报怨，不能惩恶扬善；以怨报怨，则冤冤相报何时了？

以怨报怨，最终得到的是怨气的平方；以德报怨，除非对方真的到达一定境界，否则只会让你继续受到更多的伤害。其实，做人只要以直报怨，以有原则的宽容待人，问心无愧即可。

宽容不是纵容，不要让有错误的人得寸进尺，把错误当成理所当然的权利，继续侵占原本属于你的空间。挑明应遵守的原则，柔中带刚，思圆行方，既可以宽容错误的行为，又能改正他的错误。

当人们面对伤害时，不必为难，你只需以直报怨就好了。不必委曲求全，也不要睚眦必报，有选择、有原则地宽容，于己于人都有利。

正直不是一味愚憨

做人固然要正直，但是如果一味愚憨，不分对象，则一定会失败。面对品行不端之人，或与品行不端之人打交道，就要灵活应对，不该善良软弱的时候就要先出招制服对方。

东晋明帝时，中书令温峤（字太真）备受明帝的信赖，大将军王敦对此非常忌妒。王敦于是请明帝任温峤为左司马，归王敦所管，准备等待时机除掉他。

温峤为人机智，洞悉王敦所为，便假装殷勤恭敬，协助王敦处理府事，并时常在王敦面前献计，使他对自己产生好感。

除此之外，温峤有意识地结交王敦唯一的亲信钱凤，并经常对钱凤说："钱凤先生才华、能力过人，经纶满腹，当世无双。"

因为温峤在当时一向被人认为有识才看相的本事，因而钱凤听了这赞扬心里十分受用，和温峤的交情日渐加深，同时常常在王敦面前说温峤的好话。慢慢地，王敦对温峤的戒心渐渐消除，甚至引其为心腹。

不久，丹阳尹辞官，这一职位空缺，温峤便对王敦进言："丹阳之地，对京都犹如人之咽喉，必须有才识相当的人去担任才行，如果所用非人，恐怕难以胜任，请你三思而行。"

王敦深以为然，就请他谈自己的意见。温峤诚恳答道："我认为没有人能比钱凤先生更合适了。"

王敦又以同样的问题问钱凤。因为温峤推荐了钱凤，碍于情理，钱凤便说："我看还是派温峤去最适合。"

这正是温峤暗中打的主意，果然如愿。王敦便推荐温峤任丹阳尹，并派他就近暗察朝廷中的动静，随时报告。

温峤接到派令后，马上就做了一个小动作。原来他担心自己一旦离开，钱凤会立刻在王敦面前进谗言而再召回自己，便在王敦为他饯别的宴会上假装喝醉了酒，歪歪倒倒地向在座同僚敬酒。敬到钱凤时，钱凤未及起身，温峤便以笏（朝板）击钱凤束发的巾坠，不高兴地说："你钱凤算什么东西，我好意敬酒你却敢不饮。"

钱凤没料到温峤一向和自己亲密，竟会突然当众羞辱自己，一时间神色愕然，说不出话来。王敦见状，忙出来打圆场，哈哈笑道："太真醉了，太真醉了。"

钱凤见温峤"醉"态可掬的样子，又听了王敦的话，也没法发作，只得咽下这口恶气。

温峤临行前，又向王敦告别，苦苦推辞，不愿去赴任，王敦不许。温峤出门后又转回去，痛哭流涕，表示舍不得离开大将军，请他任命别人。

王敦大为感动，只得好言劝慰，并且请温峤勉为其难。温峤出去后，又一次返回，还是不愿上路。王敦没办法，只好亲自把他送出门，看着他上车离去。

钱凤受了温峤一顿羞辱，头脑倒清醒了过来，对王敦说："温峤素来和朝廷亲密，又和庾亮有很深的交情，怎会突然转向，其中一定有诈，还是把他追回来，另换别人出任丹阳尹吧。"王敦已被温峤彻底感动了，根本听不进钱凤的话，不高兴地说："你这人气量也太窄了，太真昨天喝醉了酒，得罪了你，你怎么今天就进谗言加害他？”

钱凤也不敢深劝。

温峤安全返回京师后，便把在大将军府中获悉的王敦反叛的计划告诉朝廷，并和庾亮共同谋划讨伐王敦的计策。

王敦这才知道上了温峤的大当，气得暴跳如雷：“我居然被这小子给骗了。”

然而，王敦已经鞭长莫及，更无法挽救失败的命运了。

在面对坏人时一定要采取灵活的方法应对。温峤在处理王敦、钱凤等人的关系时，运用一些技巧，不但保护了自己，而且在时机成熟时主动出击，取得了胜利。

正直不是愚憨，正直的人也不排斥谋略，甚至可以以其人之道还治其人之身。

有理有节，应对背后说你坏话的人

俗话说，人无千日好，花无百日红。人与人之间相处，贵在真真实实，平平淡淡。对于那些搬弄是非的人，我们历来认为：“来说是非者，必是是非人。”无数事实证明，那些善于搬弄是非的人，几乎都是成事不足、败事有余的人。若真的有协调能力，有让人敬慕的人格力量，就不可能去搬弄是非。归根结底，搬弄是非是软弱无能的表现，是在人与人之间玩弄的一种“小伎俩”，任何时候也不能登大雅之堂。

当你有天发现竟然有人在你背后说你坏话，暗中破坏你的形象，该怎么办？千万不要因为一时气不过，你就怒气冲冲地找对方理论。

先稳定好自己的情绪，然后以平静的心态一步步地化解难题。

第一步，检讨自己。你应该想想，自己是不是做了些什么事、说过什么话，让对方看你不顺眼。如果不明就里地就去找对方兴师问罪，只会让对方看你更不顺眼。

第二步，问清楚原因。你可以问：“我不知道发生了什么事，是否可以告诉我是什么问题。”如果对方什么话也不愿意说，干脆直截了当地跟对方说：“我知道你对我似乎有些不满，我认为我们有必要把话说清楚。”

第三步，委婉地警告。如果对方不肯承认他曾经对别人说过不利于你的话，你也不必戳破对方，只要跟对方说：“我想可能是我误会了。不过，以后如果我有任何问题，希望你能直接告诉我。”你的目的只是让对方知道：你绝对不会坐视不管。

第四步，向老板报告。当类似的事情第二次发生时，你可以明白地告诉对方：“如果我们两人无法解决问题，就有必要让老板知道这件事情。”如果事情仍未获得解决，就直接向老板报告。当然，不是所有的情况都必须向老板报告。如果对方只是对你的穿衣品位有些不认可，就让他去吧，这并不会影响你的工作或是你和同事之间的关系。

同事之间应该豁达大度，应该相互容忍，相互谅解，而不要动不动就怨恨对方，人为地制造紧张。因此，当听到某一同事谈论对另一同事的不满时，切记不要搬弄是非或者雪上加霜。明智的办法是充当调解人，在互有成见的同事之间多做一些“黏合”和“调和”的工作。隐去双方过激的不友好的话，而说一些能起到缓解矛盾和融洽关系的话。

要启发双方多想别人的长处，多找自己的不足，不要纠缠细枝末节，不对已经过去的事情耿耿于怀。只要真心诚意地维护同事之间的团结，并不厌其烦地做好工作，互有成见的同事就一定会尽弃前嫌，和好如初。

交浅言深是人际交往的大忌

无论在什么时候，在不足够了解对方的情况下，永远不要将自己的底细和盘托出。

传说，上帝创造世间万物之初，猫的本领比老虎大，于是老虎就偷偷拜猫为师。经过一番勤学苦练之后，老虎的本领变得十分了得，成了森林之王。按理说，功成名就的老虎该心满意足了，可是老虎总觉得拜猫为师的事不光彩，怕传出去后受百兽讥笑，于是就起了杀师灭口之心。

有一天，老虎终于向猫下了毒手，穷追猛咬，试图将猫置于死地，情急之下猫一下子跳到了树上，任凭老虎在树下张牙舞爪咆哮也无可奈何。吓出一身冷汗的猫十分后怕地说："幸亏我留了一手，不然今天就死于逆徒之口了！"

这是一个老掉牙的故事，值得我们注意的是故事蕴含的哲理，随时提醒我们在没有百分之百了解对方的前提下，对外要保持自己的"核心战斗力"。

为什么故事中的猫能逃脱虎口，原因是它没有亮出自己最后的一张底牌。为人处世也是这样，应该尽量设法保持自己的神秘，轻易亮出自己底牌的人让别人按牌来攻，肯定会输掉。即使对方是貌似忠厚的老实人，也不可掉以轻心。

碰上貌似老实的人，人们往往一见如故，把"老底"全都抖给对方，也许会因此成为知心朋友。但在现实中，更多可能的情况是：你并不了解对方，不确定对方是否真诚。所以说，在待人处事中，尤其是对摸不清底细的人，切记做到不要交浅言深。否则，吃亏受伤害的将是你自己。

李厂长出差的时候在火车上遇见一位"商人"，二人一见如故，互换了名片。这位商人举手投足之间都显示出一种贵族气质，这使李厂长对其身份毫不怀疑。恰巧二人的目的地相同，商人又对李厂长的产品非常感兴趣，似有合作意向，李厂长便与之同住一个宾馆，吃饭、出行几乎都在一起。这一天，李厂长与一客户谈成了一笔生意，取出大笔现金放在包里。午饭后与商人在自己屋里聊天，不久李厂长起身去卫生间，回来时出了一身冷汗：商人和那个装满钱的皮包都不见了！李厂长赶紧报警，几天后案子破了，罪犯被抓获后才知道，原来他并不是什么商人，而是一个职业骗子。这让李厂长对自己轻易相信他人、交出自己底细的做法痛悔不已。

事无不可对人言，是指你所做的事要问心无愧，并不是必须尽情向别人宣布。逢人要知道什么该说什么不该说，这是一种自我保护和防守。因此，在职场中，任何时候我们都要对职业秘密有所保留，不要和盘托出全部真情，并非所有真相皆可讲，轻易亮出自己底牌的人往往会成为输家。

不要一味地忍让

在武则天统治时期，有个丞相叫娄师德，史书上说他“宽淳清慎，犯而不校”，意思是：处世谨慎，待人宽厚，对触犯自己的人从不计较。

他弟弟出任代州刺史时，娄师德嘱咐说：“我们弟兄受到的恩宠太多了，这是要遭人嫉恨的。你想过没有，怎样才能保全自己？”弟弟回答说：“以后，有人朝我脸上吐唾沫，我擦干就是了，你尽管放心吧！”

娄师德忧虑地说：“我不放心的就是这点！人家唾你脸，是生你的气，你把唾沫擦掉，岂不是顶撞他？这只能使他更火。怎么办？人家唾你，要笑眯眯地接受。唾在脸上的唾沫，不要擦掉，让它自己干！”

在封建社会，娄师德这种“唾面不拭”的做法，一直被传为美谈。然而，我们今天看来，这种不辨是非、不讲原则地一味忍让、屈从，以求保全自己的做法，并不是真正的宽容，是要不得的。这是因为，不加分析地对一切凌辱、欺压统统忍受、退让、委曲求全，不仅是十足的自轻自贱，甚或是奴颜婢膝，而且只能起到纵容邪恶势力、助长恶风邪气的作用。这样的“委曲求全”实质上与“姑息养奸”没有多大差别。

我们提倡的宽容，是指在一些非原则问题上不要斤斤计较、睚眦必报。在涉及全局和整体利益的问题上要坚持原则，严于律己，要避免打着宽容的旗子做老好人，而损害全局或整体的利益。

另外，胸襟开阔并非等于无限度地容忍，包容并不等于对己构成危害的犯罪行为加以接受或姑息。正确的宽容才会使人有更好的人际关系，自己在心理上也会减少仇恨和不健康的情感；对于一个群体而言，胸襟开阔，无疑是一种创造和谐气氛的调节剂。因此，宽容是建立良好的人际关系的一大法宝，以德服人是形成凝聚力的重要武器。

只有用“德”去治人，治事业，你才会信心百倍地走向成功，同时你的完美个性才能得到体现。宽容是能够让人品德高尚的好习惯。我们应该培养这个习惯，从现在开始，用宽容、豁达主宰我们的品行，开创我们事业的美好前途。

胸襟开阔，是人生的奥秘。但胸襟开阔不是无原则地容忍、退让，胸襟开阔是一种超脱，是自我精神的解放，宽容要有点儿豪气。

乍暖还寒寻常事，淡妆浓抹总相宜。与其悲悲戚戚、郁郁寡欢地过一辈子，不如痛痛快快、潇潇洒洒地活一生。人活得累，是心累，常读一读这几句话就会轻松得多：“功名利禄四道墙，人人翻滚跑得忙；若是你能看得穿，一生快活不嫌长。”凡事到了淡，就到了最高境界，天高云淡，一片光明。

第二章

守住自己的边界，尊重他人的边界

永远不要失去自己的边界

人生总会遇到不顺的情况，很多人处于不利的困境时总期待借助别人的力量改变现状，殊不知，在这个世界上，最应该依靠的人不是别人，而是你自己。为何总想着依赖别人，而不是自己呢？

美国从事个性分析的专家罗伯特·菲利浦有一次在办公室接待了一个因企业倒闭、负债累累、离开妻女四处为家的流浪者。那人进门打招呼说："我来这儿，是想见见这本书的作者。"说着，他从口袋中拿出一本名为《自信心》的书，那是罗伯特多年前写的。

流浪者说："一定是命运之神在昨天下午把这本书放入我的口袋中的，因为我当时决定跳入密歇根湖了此残生。我已经看破一切，并绝望地认为所有的人，包括上帝在内已经抛弃了我。但还好，我看到了这本书，它使我产生了新的看法，为我带来了勇气及希望，并支撑我度过昨天晚上。我已下定决心，只要我能见到这本书的作者，他一定能帮助我再度站起来。现在，我来了，我想知道你能替我这样的人做些什么。"

在他说话的时候，罗伯特从头到脚打量着这个流浪者，发现他眼神茫然、神态紧张。这一切显示，他已经无可救药了，但罗伯特不忍心对他这样说。因此，罗伯特请他坐下，要他把自己的故事完完整整地说出来。

听完流浪者的故事，罗伯特想了想，说："虽然我没有办法帮助你，但如果你愿意的话，我可以介绍你去见这幢大楼的一个人，他可以帮助你赚回你所损失的钱，帮助你东山再起。"罗伯特刚说完，流浪者立刻跳了起来，抓住他的手，说道："看在上天的分上，请带我去见这个人！"

流浪者能提此要求，显示他心中仍然存在着一丝希望。所以，罗伯特拉着他的手，引导他来到从事个性分析的心理试验室，和他一起站在一块窗帘之前。罗伯特把窗帘拉开，露出一面高大的镜子，罗伯特指着镜子里的流浪者说："就是这个人。在这个世界上，只有一个人能够使你东山再起，除非你坐下来，彻底认识这个人——当作你从前并未认识他——否则，你只能跳到密歇根湖里。因为在你对这个人未做充分的认识之前，对于你自己或这个世界来说，你都将是没有任何价值的。"

流浪者朝着镜子走了几步，用手摸摸他长满胡须的脸，对着镜子里的人从头到脚打量了几分钟，然后后退几步，低下头，哭泣起来。过了一会儿，罗伯特领他走出电梯间，目送他离去。

几个月后，罗伯特在街上碰到了这个人。他不再是一个流浪者，他西装革履，步伐轻快有力，头抬得高高的，原来的衰老、不安、紧张已经消失不见。他说，感谢罗伯特先生让他找回了自己，他很快找到了工作。后来，这个人真的东山再起，成为芝加哥的一个富翁。

人要勇敢地做自己的上帝，因为真正能够主宰自己命运的人往往只是自己。当你相信自己的力量之后，你的脚步就会变得轻快，你就会离成功越来越近。

从 21 世纪的竞争来看，社会对人才素质的要求是很高的，除了具备良好的身体素质和智力水平，还必须具备生存意识、竞争意识、科技意识以及创新意识。这就要求我们从现在开始注重对自己各方面能力的培养，只有使自己成为一个全面的、高素质的人，才能在未来的竞争中站稳脚跟，取得成功。

人若失去自我，是一种不幸；人若失去自主，则是人生最大的缺憾。赤橙黄绿青蓝紫，每个人都应该有自己的一片天地和特有的亮丽色彩。你应该果断地、毫无顾忌地向世人展示你的能力、你的风采、你的气度、你的才智。在生活的道路上，必须自己做选择，不要总是踩着别人的脚印走，不要听凭他人摆布，而要勇敢地驾驭自己的命运，调控自己的情感，做自己的主宰，做命运的主人。

善于驾驭自我命运的人，是最幸福的人。只有摆脱了依赖、抛弃了拐杖，具有自信、能够自主的人，才能走向成功。自立自强是走入社会的第一步，是打开成功之门的钥匙，也是纵横职场的法宝。在职场中，上司不喜欢唯唯诺诺的下属，领导不喜欢没有自我、没有主见的员工，相信自己吧，你就是最棒的！

边界感明确了我是独特的人

每个人都有自己的生活方式，而决定你成为什么样的人的永远只有你自己，一旦人生轨迹被别人所左右，你将被这个世界真正遗弃。

有这么一则故事，可以给职场人一些警示和启迪：

有个人想改变自己的命运，于是他跋山涉水历尽艰辛，最后在热带雨林找到一种树木，这种树木能散发一种浓郁的香气，放在水里不像别的树一样浮在水面，而是沉到水底。他心想：这一定是价值连城的宝物，就满怀信心地把香木运到市场去卖，却无人问津，为此他深感苦恼。

当看到隔壁摊位上的木炭总是很快就能卖完时，他一开始还能坚持自己的判断，但时间最终让他改变了自己的初衷，他决定将这种香木烧成炭来卖。结果很快被一抢而空，他十分高兴，迫不及待地跑回家告诉父亲。父亲听了他的话，却不由得老泪纵横。原来，儿子烧成木炭的香木正是沉香，若是切下一块磨成香粉，其价值超过一车的木炭。

本来完全可以凭借这些“沉香”变成富翁，结果依然没有摆脱原来的生活轨迹，其根源就是自己的“有眼无珠”，所以说，你是谁、你会成为什么样的人完全由自己来决定。

其实，尘世间的每一个人，都有一些属于自己的“沉香”。但世人往往不懂得它的珍贵，反而对别人手中的木炭羡慕不已，最终只能让世俗的尘埃蒙蔽了自己的双眼。

世界上充满了来自外界的“应该”命令。社会、家庭和单位让你产生各种各样的你应该是谁和你应该怎样做的想法。但你身边没有一个人和你一样知道你个人的路线。他们指出的某些“应该”和你的“愿意”相称，但大多数不能。因此许多人退回到外部声音所指示的、看上去安全的路线上去。

然而，可能像你一样，一个有着独立精神的小人物，发现遵从比挑战更有吸引力。走成功者走过的路就意味着“非常便利”，选择开辟好的道路是便利的，没有问题和挑战。但是那些接受和按照来自外在力量的命令去做的人，要以失去他们全部热情为代价——无疑，这是一个注定要失败的交易。

有这么一个故事：

白云（化名）大师有一次和他的师父对坐，师父问：“听说你从前的师父茶大悟时说了一首唱词，你还记得吗？”

“记得，记得。”白云答道，“那首唱词是：‘我有明珠一颗，久被尘劳关锁，一朝尘尽光生，照破山河星朵。’”语气中免不了有几分得意。

师父一听，大笑数声，一言不发地走了。

白云怔在当场，不知道师父为什么笑，心里很愁烦，整天都在思索师父的笑，怎么也找不出原因。

那天晚上，他辗转反侧，怎么也睡不着，第二天实在忍不住了，大清早去问师父为什么笑。

师父笑得更开心，对着失眠而眼眶发黑的弟子说：“原来你还比不上一个小丑，小丑不怕人笑，你却怕人笑。”白云听了，豁然开朗。

很多时候我们总会陷入别人对我们的评论之中，别人的语气、眼神、手势……总是不经意搅乱我们的心，磨灭了我们往前迈步的勇气，甚至使我们整天沉迷在白云般的愁烦中不得解脱，丧失了自由快乐。每个人都有自己的生活方式，如果你不能为自己做主，那么你可能注定要被社会淘汰。

别太在意别人的眼光，那会抹杀你的光彩

在这个世界上，没有任何一个人可以让所有人都满意。跟着他人的眼光来去的人，会逐渐黯淡自己的光彩。

西莉亚自幼学习艺术体操，她身段匀称灵活。可是很不幸，一次意外事故导致她下肢严重受伤，一条腿留下后遗症，走路有一点跛。为此，她十分沮丧，甚至不敢走上街去。作为一种逃避，西莉亚搬到了约克郡乡下。

一天，小镇上的雷诺兹老师领着一个女孩来向西莉亚学跳苏格兰舞。在他们诚恳的请求下，西莉亚勉为其难地答应了。为了不让他们察觉自己残疾的腿，西莉亚特意提早坐在一把藤椅上。可那个女孩偏偏天生笨拙，连起码的乐感和节奏感都没有。当那个女孩再一次跳错时，西莉亚不由自主地站起来给她示范。西莉亚一转身，便敏感地看见那个女孩正盯着自己的腿，一副惊讶的神情。她忽然意识到，自己一直刻意掩盖的残疾在刚才的瞬间已暴露无遗。这时，一种自卑让她无端地恼怒起来，对那个女孩说了一些难听的话。西莉亚的行为伤害了女孩的自尊心，女孩难过地跑开了。

事后，西莉亚深感歉疚。过了两天，西莉亚亲自来到学校，和雷诺兹老师一起等候那个女孩。西莉亚对那个女孩说："如果把你训练成一名专业舞者恐怕不容易，但我保证，你一定会成为一个不错的领舞者。"这一次，她们就在学校操场上跳，有不少学生好奇地围观。那个女孩笨手笨脚的舞姿不时招来同学的嘲笑，她满脸通红，不断犯错，每跳一步都如芒刺在背。

西莉亚看在眼里，深深理解那种无奈的自卑感。她走过去，轻声对那

个女孩说：“假如一个舞者只盯着自己的脚，就无法享受跳舞的快乐，别人也会跟着注意你的脚，发现你的错误。现在你抬起头，面带微笑地跳完这支舞曲，别管舞步是不是错。”

说完，西莉亚和那个女孩面对面站好，朝雷诺兹老师示意了一下。悠扬的手风琴音乐响起，她们踏着拍子，欢快起舞。其实那个女孩的步伐还有些错误，而且动作不是很和谐。但意外的效果出现了——那些旁观的学生被她们脸上的微笑所感染，而不再关注舞蹈细节上的错误。后来，有越来越多的学生情不自禁地加入舞蹈中。大家尽情地跳啊跳啊，直到太阳下山。

生活在别人的眼光里，就会找不到自己的路。其实，每个人的眼光都不同。面对不同的几何图形，有人看出了圆的光滑无棱，有人看出了三角形的直线组成，有人看出了半圆的方圆兼济，有人看出了不对称图形特有的美……同是一个甜麦圈，悲观者看见一个空洞，乐观者却品尝到它的味道。同是交战赤壁，苏轼高歌“雄姿英发，羽扇纶巾，谈笑间，樯橹灰飞烟灭”；杜牧却低吟“东风不与周郎便，铜雀春深锁二乔”。同是“谁解其中味”的《红楼梦》，有人听到了封建制度的丧钟，有人看见了宝黛的深情，有人悟到了曹雪芹的良苦用心，也有人只津津乐道于故事本身……

人生是一个多棱镜，总是以它变幻莫测的每一面反照生活中的每一个人。不必介意别人的流言蜚语，不必担心自我思维的偏差，要坚信自己的眼睛、坚信自己的判断、执着自我的感悟，用敏锐的视线去审视这个世界，用心去聆听、感受这个多彩的人生，给自己一个富有个性的回答。

自己的人生无须浪费在别人的标准中

童话里的红舞鞋，漂亮、妖艳而充满诱惑，一旦穿上，便再也脱不下来。我们疯狂地转动舞步，一刻也停不下来，尽管内心充满疲惫和厌倦，脸上还得挂着幸福的微笑。当我们在众人的喝彩声中终于以一个优美的姿势为人生画上句号时，才发觉这一路的风光和掌声，带来的竟然只是说不出的空虚和疲惫。

人生来时双手空空，却要让其双拳紧握；而等到人死去时，却要让其双手摊开，偏不让其带走财富和名声……明白了这个道理，人就会对许多东西看淡。幸福的生活完全取决于自己内心的简约，而不在于你拥有多少外在的财富。

18 世纪，法国有个哲学家叫戴维斯。有一天，朋友送他一件质地精良、做工考究、图案高雅的酒红色睡袍，戴维斯非常喜欢。可他穿着华贵的睡袍在家里踱来踱去，越踱越觉得家具不是破旧不堪，就是风格不对，地毯的针脚也粗得吓人。慢慢地，旧物件挨个儿更新，书房终于跟上了睡袍的档次。戴维斯穿着睡袍坐在帝王气十足的书房里，他却觉得很不舒服，因为自己居然被一件睡袍胁迫了。

戴维斯被一件睡袍胁迫了，生活中的大多数人则是被过多的物质和外在的成功胁迫着。很多情况下，我们受内心深处支配欲和征服欲的驱使，自尊和虚荣不断膨胀，着了魔一般去同别人攀比。谁买了一双名牌皮鞋，谁添置了一套高档音响，谁交了一位漂亮女友，这些都会触动我们敏感的神经。一番折腾下来，尽管钱赚了不少，也终于博得别人羡慕的眼光，但除了在公众场合拥有一两点流光溢彩的光鲜和热闹以外，我们过得其实并没有别人想象的那么好。

如果一个人不顾自己究竟幸福不幸福，却为了让别人觉得幸福就很满足，他就会忽视自己内心真正想要的是什么，常常被外在的事情所左右。别人的生活实际上与你无关，不论别人幸福与否都与你无关，而你却将自己的幸福建立在与别人比较的基础之上，或者建立在了别人的眼光中。幸福不是别人说出来的，而是自己感受的，人活着不是为别人，更多的是为自己而活。

电视剧《左邻右舍》中有这样一个故事：男主人公的老婆看到邻居小马家卖了旧房子在闹市区买了新房，就眼红了，也在闹市选房子，并且偏偏要和小马住同一栋楼，而且一定要选比小马家房子大的那套。当邻居问起的时候，她很自豪地说："不大，一百多平方米，只比304室小马家大那么一点！"气得小马老婆灰头土脸的。过了几天，小马的老婆开始逼小马和她一起减肥，说是减肥之后，他们家房子的实际面积一定不会比男主人公家的小，男主人公又开始担心自己的老婆知道后会不会让他跟着一起减肥！

这个故事看起来虽然很好笑，却时常在我们的生活中发生，人将自己迷失在一种不断与人比较之中，被自己生活之外的东西所左右，岂不是很可悲？

一个人活在别人的标准和眼光之中是一种痛苦，更是一种悲哀。人生本就短暂，真正属于自己的快乐更是不多，为什么不能为了自己而完完全全、真真实实地活一次？为什么不能让自己脱离建立在别人基础上的参照系？如果我们把追求外在的成功或者"过得比别人好"作为人生的终极目标，就会陷入物质欲望而不能自拔。

走自己的路，让别人说去吧

哲人们常把人生比作路，是路，就注定崎岖不平。

没有谁的路永远是一马平川的。为他人所左右而失去自己方向的人，将无法抵达属于自己的幸福彼岸。真正成功的人，不在于其成就的大小，而在于是否努力地去实现自我，喊出属于自己的声音，走出属于自己的道路。

一名中文系的学生苦心撰写了一篇小说，请作家审阅。因为作家正患眼疾，学生便将作品读给作家听。读到最后一个字，学生停顿下来。作家问道：“结束了吗？”听语气似乎意犹未尽，渴望下文。这一追问，煽起学生的激情，学生立刻灵感喷发，马上接续道：“没有啊，下部分更精彩。”他以自己都难以置信的构思叙述下去。

叙述到一个段落，作家又似乎难以割舍地问：“结束了吗？”

小说一定勾魂摄魄，叫人欲罢不能！学生更兴奋，更激昂，更富有创作激情。他不可遏止地一而再再而三地接续、接续……最后，电话铃声骤然响起，打断了学生的思绪。

电话找作家，急事。作家匆匆准备出门。“那么，没读完的小说呢？”“其实你的小说早该收笔，在我第一次询问你是否结束的时候，就应该结束。何必画蛇添足、狗尾续貂？该停则止，看来，你还没把握情节脉络，尤其是缺少决断。决断是当作家的根本，否则绵延逶迤、拖泥带水，如何打动读者？”

学生追悔莫及，自认性格过于受外界左右，难以把握作品，恐怕不是当作家的料。

很久以后，这名年轻人遇到另一位作家，羞愧地谈及往事，谁知作家惊呼：“你的反应如此迅捷、思维如此敏锐、编造故事的能力如此强大，这些正是成为作家的天赋呀！假如正确运用，作品一定脱颖而出。”真是“横看成岭侧成峰，远近高低各不同”。

凡事绝难有统一定论，谁的“意见”都可以参考，但永不可代替自己的“主见”，不要让他人的论断束缚了自己前进的步伐。追随你的热情、你的心灵，它们将带你实现梦想。

遇事没有主见的人，就像墙头草，东风东倒，西风西倒。没有自己的原则和立场，不知道自己能干什么、会干什么，自然与成功无缘。

走自己的路，让别人去说吧。

活在自己心里，而不是别人眼里

300 多年前，建筑设计师克里斯托·莱伊恩受命设计了英国温泽市政府大厅，他运用工程力学的知识，依据自己多年的实践经验，巧妙地设计了只用一根柱子支撑的大厅。

一年后，市政府的权威人士在进行工程验收时，对此提出疑问，认为这太危险，并要求他再多加几根柱子。

莱伊恩非常苦恼，坚持自己的主张吧，他们会另找人修改设计；不坚持吧，又有违自己为人的准则。莱伊恩最后终于想出一条妙计，他在大厅里增加了 4 根柱子，但它们并未与天花板连接，只不过装装样子，来瞒过那些自以为是的人。

300 多年过去了，这个秘密始终没有被发现。直到有一年市政府准备修缮天花板时，才发现莱伊恩当年的“弄虚作假”。

这个故事告诉我们，只要坚定自己能做到最好，他人的议论、责备就无法左右你。每个人都有独一无二之处，你必须看到自身的价值。

在一次演讲中，一位著名的演说家没讲一句开场白，手里却高举着一张 20 元的钞票。面对台下的 200 多人，他问：“谁要这 20 元？”一只只手举了起来。他接着说：“我打算把 20 元送给你们中的一位，但在这之前，请准许我做一件事。”他说着将钞票揉成一团，然后问：“谁还要？”仍有人举起手来。

他又说：“那么，假如我这样做又会怎么样呢？”他把钞票扔到地上，又踏上一只脚，并且用脚踩它。然后他拾起钞票，钞票已变得又脏又皱。“现在谁还要？”还是有人举起手来。

“朋友们，你们已经上了一堂很有意义的课。无论我如何对待那张钞票，你们还是想要它。因为它并没有贬值，它依旧是20元。”

其实，我们每个人都是如此，无论命运如何捉弄我们，我们都有自己的价值。

遗传学家告诉我们，我们每一个人，都是从上亿个精子中跑得最快、最先抓住机遇和卵子结合而生的，是23对染色体相互结合的结果。每条染色体都有不同的遗传基因，每个基因都能改变你的生命。纵使你有多个兄弟姐妹，他们还是同你有相异之处，你仍旧是独一无二的。

美国诗人惠特曼在诗中说：

我，我要比我想象的更大、更美
在我的，在我的体内
我竟不知道包含这么多美丽
这么多动人之处……

人是万物的灵长，是宇宙的精华，我们每个人都具有使自己生命产生价值的本能。创造有价值生命的本能是人体内的创造机能，它能创造人间的奇迹，也能创造一个最好的“自我”，关键是你如何用它。

美国哲学家爱默生说：“人的一生正如他一天中所设想的那样，你怎样想象，怎样期待，就有怎样的人生。”

不要太在意别人对你的看法，许多时候，我们太在意别人的感觉，因而自己在迷茫之中迷失。

随意地活着，你不一定很平凡；但刻意地活着，你一定会很痛苦。其实人活着的目的只有一个，那就是不辜负自己。

我们又何必太在意我们生命以外的一些东西呢？我们所应牢牢把握的只是生命本身，如果我们一直活在别人的目光下，那么属于我们自己的生命还有多少呢？

有位名人曾经说过：“生命短促，没有时间可以浪费，一切随心才是应该努力去追求的，别人如何议论和看待我，便无足轻重了。”

真正能够沉淀下来的，总是有分量的；浮在水面上的，毕竟是轻小的东西。且让我们在属于我们自己的人生道路上昂首挺胸地一步步走过，只要认为自己做得对，问心无愧，就不必在意别人的看法，不必理会别人的议论，把信心留给自己，做生活的强者，永远向着自己追求的目标，执着地走自己的路就对了！

莫尼卡·狄更斯二十几岁时虽然已是有作品出版的作家，可是仍然举止笨拙，常感自卑。她有点儿胖，不过并不显肥，但她总是觉得衣服穿在别人身上比较好看。她在赴宴会之前要打扮好几个小时，可是一走进宴会厅就会感到自己一团糟，总觉得人人都在对她评头论足，在心里嘲笑她。

有个晚上，莫尼卡忐忑不安地去赴一个不大认识的人的宴会，在门外碰见另一位年轻女士。

“你也是要进去吗？”

“大概是吧。”她扮了个鬼脸，“我一直在附近徘徊，想鼓起勇气进去，可是我很害怕。我总是这样子的。”

“为什么？”莫尼卡在灯光照映的门阶上看看她，觉得她很好看，比自己好得多。“我也害怕得很。”莫尼卡坦言。她们都笑了，不再那么紧张。她们走向前面人声嘈杂、情况不可预知的地方。莫尼卡的保护心理油然而生。

“你没事吧？”她悄悄问道。这是她生平第一次心不在自己而在另一个人身上。这对她自己也有帮助，她们开始和别人谈话，莫尼卡开始觉得自己是这群人中的一员，不再是个局外人。

穿上大衣回家时，莫尼卡和她的新朋友谈起各自的感受。

“觉得怎么样？”

“我觉得比先前好。”莫尼卡说。

“我也如此，因为我们并不孤独。”

莫尼卡想：这句话说得真对！我以前觉得孤立，认为世界上除了她，别人都自信十足，可是如今遇到了一个和我同样自卑的人。我因为让不安全感吞噬了，根本不会去想别的，现在我得到了另一启示：会不会有很多人看来意兴高昂、谈笑风生，但实际上心中也忐忑不安？

莫尼卡撰稿的那家本地报馆，有位编辑总有些粗鲁无礼，问他问题，他只冷漠答复，莫尼卡觉得他的目光永不和自己的接触。以前，她总觉得他不喜欢自己；现在，莫尼卡怀疑会不会是他怕自己不喜欢他？

第二天去报馆时，莫尼卡深吸一口气，对那位编辑说："你好，安德森先生，见到你真高兴！"莫尼卡微笑着抬头。

以前，她习惯一面把稿子丢在他桌上，一面低声说道："我想你不会喜欢它。"这一次，莫尼卡改口道："我真希望你喜欢这篇稿，大家都写得不好的时候，你的工作一定非常吃力。"

"的确吃力。"那位编辑叹了口气。莫尼卡没有像往常那样匆匆离去，她坐了下来。他们互相打量，莫尼卡发现他不是个咄咄逼人的特稿编辑，而是个头发半秃、其貌不扬、头大肩窄的男人，办公桌上摆着他妻儿的照片。莫尼卡问起他们，那位编辑露出了微笑，严峻而带点悲伤的他变得柔和起来。莫尼卡感到他们两个人都变得自在了。

后来，莫尼卡的写作生涯因战争而中断。她接受护士训练，再次因感觉到医院里的人个个称职，唯自己不然；她觉得自己手脚笨拙，学得慢，穿上制服看起来仍全无是处，引来许多病人抱怨。"她怎么会到这儿来的？"莫尼卡猜他们一定会这样想。

工作繁忙加上疲劳，使莫尼卡不再胡思乱想，也不再继续发胖。她开始感觉到与大家打成一片的喜悦，她是团队的一分子，大家需要她。她看到别人忍受痛苦、遭遇不幸，觉得他们的生命比自己的还重要。

"你做得不错。"护士长有一天对莫尼卡说。莫尼卡暗喜：她在称赞我！她们认为我一切没问题。莫尼卡忽然惊觉几星期来根本没有时间为自己是否称职而发愁担忧。

不要过分关注别人的想法。你过分关注“别人的想法”，你太小心翼翼地想取悦别人，你对别人其实是假想的不欢迎过分敏感，你就会有过度的否定反馈、压抑以及不良的表现。最重要的是，你对别人的看法不必太在意。

把眼光盯住别人不放，以别人的方向为方向，总难超越别人。要想有成就，你得自己开路；而你所开的路是你自己的理想、见解与方式，所以是你所独有的。老子认为：“夫唯不争，故天下莫能与之争。”

美国有一位极令人敬佩的年轻女士，她的芳名是罗莎·帕克斯。1955年的一天，她在亚拉巴马州蒙哥马利市搭乘公车，理直气壮地不按该州法律规定给一个白人让座。她这个不服从的举动引起轩然大波，招来白人强烈的抨击，却也成为其他黑人效法的榜样，结果掀起了一场民权运动，使美国人民为平等、机会和正义重新界定出不分种族、信仰和性别的法律。罗莎·帕克斯当时拒绝让座，可曾想过自己会遭遇什么样的后果？她是否有什么能够改变现有社会结构的高明计划？我们不知道，然而我们相信，她对这个社会抱有更高期许，使她采取这种大胆的行动。谁能想到这个弱女子的决定，给后人带来如此深远的影响？

追随你的热情，追随你的心灵，唱出自己的声音，世界因你而精彩。

你不可能让每个人都满意

世界一样，但人的眼光各有不同，做人不必去花大量的心思去让每个人都满意，因为这个要求基本上是不可能达到的，如果一味地追求别人的满意，不仅自己累心，还会在生活和工作失去了自己！

生活中我们常常因为别人的不满意而烦恼不已，我们费尽了心思去让更多的人对自己满意，我们小心翼翼地生活，唯恐别人不满意，但即便是这样还会有人不满意，所以我们为此又开始伤神，很多时候，我们忙活工作或者生活其实花不了太多的时间，而只是我们将大量的时间都花在了处理如何达到别人满意的这些事情上，所以身体累，心也累。

有这样一个故事：

一个农夫和他的儿子，赶着一头驴到邻村的市场去卖。没走多远就看见一群姑娘在路边谈笑。一个姑娘大声说："嘿，快瞧，你们见过这种傻瓜吗？有驴子不骑，宁愿自己走路。"农夫听到这话，立刻让儿子骑上驴，自己高兴地在后面跟着走。

不久，他们遇见一群老人正在激烈地争执："喏，你们看见了吗，如今的老人真是可怜。看那个懒惰的孩子自己骑着驴，却让年老的父亲在地上走。"农夫听见这话，连忙叫儿子下来，自己骑上去。

没过多久又遇上一群妇女和孩子，几个妇女七嘴八舌地喊着："嘿，你这个狠心的老家伙！怎么能自己骑着驴，让可怜的孩子跟着走呢？"农夫立刻叫儿子上来，和他一同骑在驴的背上。

快到市场时，一个城里人大叫道："哟，瞧这驴多惨啊，竟然驮着两个人，它是你们自己的驴吗？"另一个人插嘴说："哦，谁能想到你们这么骑驴，依我看，不如你们两个驮着它走吧。"农夫和儿子急忙跳下来，他们用绳子捆上驴的腿，找了一根棍子把驴抬了起来。

他们卖力地想把驴抬过闹市入口的小桥时，又引起了桥头上一群人的哄笑。驴子受了惊吓，挣脱了捆绑撒腿就跑，不想却失足落入河中。农夫只好既恼怒又羞愧地空手而归了。

笑话中农夫的行为十分可笑，不过，这种任由别人支配自己行为的事并非只在笑话里出现。现实生活中，很多人在处理类似事情时就像笑话里的农夫，人家叫他怎么做，他就怎么做，谁抗议，就听谁的。结果只会让大家都有意见，并且都不满意。

谁都希望自己在这个社会做事面面俱到，但我们不可能让每一个人满意，不可能让每一个人都对我们展露笑容。通常的情况是，你以为自己照顾到了每一个人的感受，可还是有人对你不满，甚至根本不领情。每个人的习惯是不一致的，每个人的立场，每个人的主观感受是不同的，所以我们想面面俱到，不得罪任何人，又想服务好每一个人，那是绝对不可能的！

做人无须在意太多，不必去让每个人满意，凡事只要尽心，按照事情本来的面目去做就好，简简单单地过好自己的生活就行，否则就会像故事中的农夫一样，费尽周折，结果还落得谁都不满意。

不去和谁比较，只需做好自己

古语说："以铜为镜，可以正衣冠；以人为镜，可以明得失。"意思是说，每个人都是一面镜子，我们可以从别人身上发现自己，认识自己。然而，如果一个人总是拿别人当镜子，那么那个真实的自我就会逐渐迷失，难以发现自己的独特之处。

有这样一则寓言：有两只猫在屋顶上玩耍。一不小心，一只猫抱着另一只猫掉到了烟囱里。当两只猫同时从烟囱里爬出来的时候，一只猫的脸上沾满了黑烟，而另一只猫脸上却是干干净净。干净的猫看到满脸黑灰的猫，以为自己的脸也又脏又丑，便快步跑到河边，使劲地洗脸；而满脸黑灰的猫看见干净的猫，以为自己也是干干净净，就大摇大摆地走到街上，出尽洋相。故事中的那两只猫实在可笑。它们都把对方的形象当成了自己的模样，其结果是无端的紧张和可笑地出丑。他们的可笑在于没有认真地观察自己是否弄脏，而是急着看对方，把对方当成了自己的镜子。同样的道理，无论是自满的人还是自卑的人，他们的问题都在于没有了解自己，没有形成对自身清晰而准确的认知。

每个人都有自己的生活方式与态度，都有自己的评价标准，你可以参照别人的方式、方法、态度来确定自己采取的行动，但千万不能总拿别人当镜子。总拿别人做镜子，傻瓜会以为自己是天才，天才也许会把自己照成傻瓜。

乌比·戈德堡成长于环境复杂的纽约市切尔西劳工区。当时正是"嬉皮士"时代，她经常模仿着流行，身穿大喇叭裤，头顶阿福柔犬蓬蓬头，脸上涂满五颜六色的彩妆。为此，她常遭到住家附近人们的批评和议论。

一天晚上，乌比·戈德堡跟邻居友人约好一起去看电影。时间到了，她依然身穿扯烂的吊带裤，一件衬衫，还有那一头阿福柔犬蓬蓬头。当她出现在她朋友面前时，朋友看了她一眼，然后说："你应该换一套衣服。"

"为什么？"她很困惑。

"你扮成这个样子，我才不要跟你出门。"

她怔住了："要换你换。"

于是朋友转身就走了。

当她跟朋友说话时，她的母亲正好站在一旁。朋友走后，母亲走向她，对她说："你可以去换一套衣服，然后变得跟其他人一样。但你如果不想这么做，而且坚强到可以承受外界嘲笑，那就坚持你的想法。不过，你必须知道，你会因此引来批评，你的情况会很糟糕，因为与大众不同本来就不容易。"

乌比·戈德堡受到极大震撼。她忽然明白，当自己探索一条可以说是"另类"存在方式时，没有人会给予鼓励和支持，哪怕只是一种理解。当她的朋友说"你得去换一套衣服"时，她的确陷入两难抉择：倘若今天为了朋友换衣服，日后还得为多少人换多少次衣服？她明白母亲已经看出她的决心，看出了女儿在向这类强大的同化压力说"不"，看出了女儿不愿为别人改变自己。

人们总喜欢评判一个人的外形，却不重视其内在。要想成为一个独立的个体，就要坚强到能承受这些批评。乌比·戈德堡的母亲的确是位伟大的母亲，她懂得告诉她的孩子一个处世的根本道理——拒绝改变并没有错，但是拒绝与大众一致也是一条漫长的路。

乌比·戈德堡这一生始终都未摆脱“与众一致”的议题。她主演的《修女也疯狂》是一部经典影片，而其扮演的修女就是一个很另类的形象。当她成名后，也总听到人们说：“她在这些场合为什么不穿高跟鞋，反而要穿红黄相间的快跑运动鞋？她为什么不穿洋装？她为什么跟我们不一样？”可是到头来，人们最终还是接受了她的影响，学着她的样子绑细辫子头，因为她是那么与众不同、那么魅力四射。

先爱自己，再爱别人

爱，首先从自己开始，只有学会爱自己，才能学会爱他人、爱世界。爱自己不是一种自私行为，我们这里所说的爱并不是虚荣、贪婪、傲慢、自命不凡，而是一种善待自己，对自己无条件接受的行为。

如果你能够认识到自己是一个有自尊心的综合体，如果你能够注意养生，保持自己的身心健康，那你就已经开始学会爱自己了。

我们应该懂得，我们有足够的理由爱自己：一是只有自己才是属于自己的；二是只有热爱自己，才能热爱他人、热爱世界。

我们没有蓝天的深邃，但可以有白云的飘逸；我们没有大海的辽阔，但可以有小溪的清澈；我们没有太阳的光耀，但可以有星星的闪烁；我们没有苍鹰的高翔，但可以有小鸟的低飞。每个人都有自己的位置，每个人都能找到自己的位置。我们应该相信：正因为有了千千万万个“我”，世界才变得丰富多彩，生活才变得美好无比。

认认真真爱自己一回吧——这一回是一百年。

著名心理学家雅力逊指出，人要先爱自己才懂得去爱别人。因为只有视自己为有价值、有清晰的自我形象的人，才可以有安全感、有胆量去爱别人。

爱自己，或称自爱，是与自私、以自我为中心不同的一种状态。自私、以自我为中心是一切以私利为重，不但不替别人着想，更可能无视他人利益，为求达到目的不择手段。爱自己，就要会照顾和保护自己、喜欢自己、欣赏自己的长处，同时也要接受自己的短处，从而努力完善自己。

在这种心态之下，我们会学会不少自处之道，更可活学活用于人际关系之中。在接受自己之后，便开始会有容人的雅量；在懂得欣赏自己之后，便会明白如何欣赏别人；在掌握保护自己的方法之后，亦会悟出“防人之心不可无，害人之心不可有”的道理，也许这就是推己及人的真谛。

一个不爱自己的人，是不会明白爱别人以及接纳别人的。因此，一切均得由爱自己开始。心理学家伯纳德博士说：“不爱自己的人崇拜别人，但因为崇拜，会使别人看起来更加伟大而自己则更加渺小。他们羡慕别人，这种羡慕出自内心的不安全感——一种需要被填满的感觉。可是，这种人不会爱别人，因为爱别人就要肯定别人的存在与成长，他们自己都没有的东西，当然也不可能给予别人。”

每个人都有缺点，要想与人建立良好的人际关系，就必须首先接受并不完美的自己。谁都不可能十全十美，所以我们必须正视自己、接受自己、肯定自己、欣赏自己。

一个人如果不爱自己，当别人对他表示友善时，他会认为对方必定是有求于自己，或是对方一定也不怎么样，才会想要和自己为伍。这种人会不断地批评自己，从而使别人感到他有问题而尽量避开他；这种人越是害怕别人了解自己就会越不喜欢自己，所以在别人还没有拒绝之前，其潜意识里就会先破坏别人的好感。总之，不爱自己会导致各种问题的发生。当一个人觉得自己很差劲时，周围的人也会跟着遭殃。

因此，在开始爱别人之前，必须先爱自己。世界就像一面镜子，人与人之间的问题大多是我们与自己之间问题的折射。因此，我们不需要去努力改变别人，只要适当转变一下自己的思想，人际关系就会有所改善。

边界感就是尊重和理解他人

根据马斯洛的需求层次理论，尊重和自我实现的需要是人最高层次的需要。人们都有一种“身份”意识，希望得到他人的认可和尊重。更何况，照顾他人面子是中国的传统。只有尊重他人，才能赢得他人的尊重，别人才会跟你交朋友、做生意。

尊重他人将使我们变得更加宽容、乐观，与人更好地接触交流、精诚合作。相反，如果你自视甚高，目中无人，不顾及他人的面子，总有一天会吃苦头。

小田和小方在同一单位工作，在工作能力上小田比小方稍胜一筹，这让小方生出一些忌妒。

工作中，小田经常获得奖励，小方最喜欢对他说：“脑袋那么好使，叫咱这样的笨蛋脸往哪儿搁呀？”在背后，小方好像开玩笑似的对其他同事说：“小田拍马屁的功夫了不得，弄得领导们服服帖帖……”

在一次讨论方案的会议上，小田刚刚说完自己的设想，请大家发表意见，小方就用不阴不阳的口气说：“你下了这么大的功夫，搞了这么一堆材料，一定很辛苦，我怎么一句也没听懂呢？是不是我的水平太低，需要小田给我再来一点启蒙教育？”

顿时，小田的脸就气红了，说：“有意见可以提，你用这种口气是什么意思？”显然，小方的话太刺激人了。

后来，小田升职的速度比小方快，当上了小方的上司。终于有一天，小田逮住小方的错误，借机将他调到单位下属的一个小厂接受锻炼去了。

小方就是吃了不尊重人的苦头。如果他不改掉这个毛病，恐怕以后还会得罪更多的人，更不用说跟人友好相处、紧密合作了。

美国诗人惠特曼说过：“对人不尊敬，首先就是对自己的不尊敬。”你希望别人怎样对待你，你就应该怎样对待别人。你尊重人家，人家就会尊重你。不尊重别人就会深深地刺伤别人的自尊心，并且让别人恼羞成怒，这样对自己也没有什么好处。与其如此，为什么不让我们换一种眼光，站在对方的位置上想问题，给别人一点尊重呢？要知道，尊重是人际关系的润滑剂，它将使许多问题变得更加容易解决。

克洛里是纽约泰勒木材公司的推销员。他承认，多年来，他总是尖刻地指责那些大发脾气的木材检验人员的错误，他也赢得了辩论，可这一点好处也没有。因为那些检验人员和“棒球裁判”一样，一旦判决下去，他们绝不肯更改。

克洛里虽然在口舌上获胜，却使公司损失了成千上万的金钱。他决定改掉这种习惯，不再抬杠了。他说：

“有一天早上，我办公室的电话响了。一位愤怒的主顾在电话那头抱怨我们运去的一车木材完全不符合他们的要求。他的公司已经下令停止卸货，请我们立刻把木材运回去。因为在木材卸下 25% 后，他们的木材检验员报告说，55% 的木材不合格。在这种情况下，他们拒绝接受。

“挂了电话，我立刻赶去对方的工厂。在途中，我一直在思考着一个解决问题的最佳办法。通常，在那种情形下，我会以我的工作经验和知识来说服检验员。然而，我又想，还是把在课堂上学到的为人处世原则运用一番看看。

“到了工厂，我见购料主任和检验员正闷闷不乐，一副等着抬杠的姿态。我走到卸货的卡车前面，要他们继续卸货，让我看看木材的情况。我请检验员继续把不合格的木料挑出来，把合格的放到另一边。

“看了一会儿，我才知道他们的检查太严格了，而且把检验规格也搞错了。那批木材是白松。虽然我知道那位检验员对硬木的知识很丰富，但检验白松却不够格，经验也不够，而白松碰巧是我最在行的。我能以此来指责对方检验员评定白松等级的方式吗？不行，绝对不能！我继续观看着，慢慢地开始问他某些木料不合格的理由是什么，我一点也没有暗示他检查错了。我强调，我请教他是希望以后送货时，能确实满足他们公司的要求。

“以一种非常友好而合作的语气请教，并且坚持把他们不满意的部分挑出来，使他们感到高兴。于是，我们之间剑拔弩张的气氛松弛消散了。偶尔，我小心地提问几句，让他自己觉得有些不能接受的木料可能是合格的，但是，我非常小心，不让他认为我是有意为难他。他的整个态度渐渐地改变了。他最后向我承认，他对白松的经验不多，而且问我有关白松的问题，我就对他解释为什么那些白松都是合格的，但是我仍然坚持：如果他们认为不合格，我们不要他收下。他终于到了每挑出一根不合格的木材就有一种罪过感的地步。最后他终于明白，错误在于他们自己没有指明他们所需要的是什么等级的木材。

“结果，在我走之后，他把卸下的木料又重新检验一遍，全部接受了，于是我们收到了一张全额支票。

“就这件事来说，讲究一点技巧，尽量控制自己对别人的指责，尊重别人的意见，就可以使我们的公司减少损失，而我们所获得的则非金钱所能衡量的。”

你看，解决问题的办法就是这么简单，只要少一点抱怨，多一分尊重，事情就变得简单了。在这里，尊重并不是一种谄媚，而是理解与包容，是一种高明的解决之道、一种自尊自爱的表现。因为只有你尊重别人了，别人才会尊重你，才会觉得你有解决问题的诚意，愿意跟你商谈合作。

面对别人的批评，我们要用诚恳的态度来接受；面对别人的过失，我们不妨多一些理解与宽容；面对别人的疑惑，我们不妨热情地伸出我们的双手。别人就是一面镜子，在尊重他人的言行里，我们可以照出自己的人格，也能照出自己的锦绣前程。

悦纳别人的与众不同

圣诞节临近，美国芝加哥西北郊的帕克里奇镇到处洋溢着喜庆、热闹的节日气氛。

正在读中学的谢丽拿着一叠不久前收到的圣诞贺卡，打算在好朋友希拉里面前炫耀一番。谁知希拉里却拿出了比她多十倍的圣诞贺卡，这令她羡慕不已。

“你怎么有这么多的朋友？这中间有什么诀窍吗？”谢丽惊奇地问。

希拉里给谢丽讲了自己两年前的一段经历：

“一个暖洋洋的中午，我和爸爸在郊区公园散步。在那儿，我看见一个很滑稽的老太太。天气那么暖和，她却紧裹着一件厚厚的羊绒大衣，脖子上围着一条毛皮围巾，仿佛正下着鹅毛大雪。我轻轻地拽了一下爸爸的胳膊说：‘爸爸，你看那位老太太的样子多可笑呀！’

“当时爸爸的表情特别严肃。他沉默了一会儿说：‘希拉里，我突然发现你缺少一种本领，你不会欣赏别人。这证明你在与别人的交往时少了一份真诚和友善。’

“爸爸接着说：‘那位老太太穿着大衣，围着围巾，也许是生病初愈，身体还不太舒服。但你看她的表情，她注视着树枝上一朵清香、漂亮的丁香花，表情是那么生动，你不认为很可爱吗？她渴望春天，喜欢美好的大自然。我觉得这老太太令人感动！’

“爸爸领着我走到那位老太太面前，微笑着说：‘夫人，您欣赏春天时的

神情真的令人感动，您使春天变得更美好了！’

“那位老太太似乎很激动：‘谢谢，谢谢您！先生。’她说着，便从提包里取出一小袋甜饼递给了我，‘你真漂亮……’

“事后，爸爸对我说：‘一定要学会真诚地欣赏别人，因为每个人都有值得我们欣赏的优点。当你这样做了，你就会获得很多朋友。’”

你可能会觉得别人与众不同，并觉得很诧异，但只要换种眼光去捕捉他们身上的这些闪光点，学会真诚地欣赏，你就会惊喜地发现你的周围有很多伙伴，好朋友也越来越多，生活也越来越丰富。

如何接纳别人的与众不同呢，不妨参考以下几点：

1. 虚心学习朋友的长处；

2. 不勉强别人做他们不愿意做的事；

3. 真诚对待周围的每一个人。

4. 在与别人的交谈中不要轻易说不喜欢谁；

5. 与人交往要态度温和，不要动不动就发脾气。

尊重他人的生活习惯

生活中有各种各样的人，而这些人会有不同的思想性格、兴趣爱好与生活习惯。有的人热情开朗，有的人沉着稳重，有的人性子急躁，有的人心胸狭窄……面对这么多不同性格的人，我们应该怎样使他们乐于按照你的意愿行事呢？要想改变他，首先就要悦纳他！悦纳他人，就要满怀热忱地和他们相处，容忍并且诚心地尊重别人与己不同的性格、兴趣和生活方式，还要主动地了解别人的性格特征，熟悉别人的生活习惯，在这个基础上创造和谐融洽的人际环境。

对别人的生活习惯横加指责的人，就像肩负沉重的包袱，这只能使他变得苍老，步态蹒跚。

曾经有这样一个故事：

老王曾经到乡下的母校去听课。在中午吃饭的时候，他发现其中有一位老教师在喝完稀饭后，伸长了舌头，低下头，捧着碗“滋滋”有声地把碗底的残留稀饭舔得干干净净。如今的生活已经不是饿肚子的时代了，竟然还会有这样的老师。看到他这个样子，大家都禁不住笑了出来。那位老教师听到笑声，露出惊异的目光，且不由得红了脸，极为羞愧地走出了吃饭的地方。一个下午，老王没有看见老教师的身影。

临走的时候，老王终于看到了这位老教师的身影。他连忙走过去对老教师说了一些比较委婉的道歉的话。老教师抬起头说：“这是我保持了几十年的坏习惯了。过去家里穷，吃不饱，经常要求家里的三个孩子这样做，我自己久而久之形成了习惯，到现在还是改不掉，丢脸了。”

听了老教师的话，周围的人深深地为刚才的笑感到惭愧。

面对别人的习惯，如果我们没有真正地领会，只是浅薄地嘲笑，这本身说明我们对生活的理解是多么浅薄和无知。在我们笑出声的时候，谁又会知道他的这个习惯是多么令人尊敬呀！

在很多人的生活习惯中，我们都可以看到蕴含在这些习惯中的个性。当然，有一些不好的习惯，我们不会学习和效仿，但是我们没有理由去嘲弄和取笑。在生活中，我们每一个人都会拥有自己的生活习惯和思维方式，当然我们无法保证所有的思维和习惯都是对的，但是我们应该用谅解和尊重去面对别人的习惯。

我们应该用广阔的心灵去包容别人的举止，用尊重的心灵去感悟别人的行为，用开阔的胸襟去对待别人的言行。这样在尊重他人的时候，我们也会获得一些生命之中最美好的东西。

开玩笑要注意分寸

开玩笑是生活的调味品，开玩笑可以减轻疲劳，调节气氛，缩短人与人之间的距离。彼此之间产生矛盾时，一句玩笑话可以化干戈为玉帛，消除积怨。开玩笑也可以用作善意的批评或拒绝某人的要求。

人际交往中，开个得体的玩笑，可以松弛神经，活跃气氛，创造出一个适于交际的轻松愉快的氛围，因而诙谐的人常能受到人们的喜爱。但是，开玩笑要把握尺度，掌握分寸，若玩笑开得过火会给人一种被耍弄的感觉，弄不好“说者无意，听者有心”，会加深或引发与他人的矛盾。

首先，开玩笑要注意场合、时机和环境。

一般来讲，在庄严、肃穆的场合不能开玩笑，工作时间不能开玩笑，在公共场合和大庭广众之下，也尽量不要开玩笑。在非常时期，不能拿非常之事开玩笑，在公共传媒上开玩笑更是要慎之又慎。

其次，要注意开玩笑的对象。

人的脾气、性格、爱好不同，开玩笑要因人而异。

开玩笑要注意长幼关系。长者对幼者开玩笑，要保持长者的庄重身份，使幼者不失对长者的尊敬；幼者对长者开玩笑，要以尊敬长者为前提。开玩笑要注意男女有别。男性对语言情境的承受能力较强，一般的玩笑不会导致男性的难堪；女性对语言情境的承受能力较弱，不得体的玩笑会使女性难堪，甚至“下不来台”。

开玩笑还要注意亲疏的差异。一般情况下，与自己比较亲近、熟悉的人在一起，开玩笑即使重一点，也不会影响友好关系。但与自己比较陌生的人在一起，就不宜开玩笑，因为你对人家的个性、经历、情趣、隐私不了解，可能会在开玩笑中冒犯人家，引起别人的反感，不利于今后的互相了解和友谊的发展。

同样一个玩笑，能对甲开，不一定能对乙开。人的身份、性格、心情不同，对玩笑的承受能力也不同。

对方性格外向，能宽容忍耐，玩笑稍微开大了可能也会得到谅解。对方性格内向，喜欢琢磨言外之意，开玩笑就应慎重。尽管对方平时性格开朗，但如恰好碰上伤心事，就不能随便与之开玩笑。相反，对方性格内向，但正好喜事临门，此时与他开个玩笑，效果会出人意料得好。

再次，要注意开玩笑勿伤人自尊。

每个人在生理上、心理上、行为或能力上，都可能有不足之处。如果把这些不足之处当作笑料来说，揭人短处，将会受到人们憎恶。因为有些人最害怕别人揭自己的伤疤，一旦有人冒犯他，他的自尊心就会让他产生很不理智的行为。生活中这类事情时有发生，有时还真让人想不通，一句玩笑话怎么会引发那么大的不快？这恐怕是犯了开玩笑的忌讳，没有掌握好说玩笑话的分寸。

比如，每个人都有自己的隐私，而且每个人都不允许别人触及自己的稳私，当然更不允许别人拿自己的隐私开玩笑。如果谁在开玩笑时违反了这一游戏规则，谁就会变成一个不受欢迎的人。

最后，要注意开玩笑的内容不要过“重”。

玩笑话有轻有重，而“重”的玩笑多半是开不得的，它只能在比较特殊的场合才能开。若在一般场合开比较“重”的玩笑，可能就不再可笑了，甚至会变质成悲剧。朋友聚会，为了活跃气氛，应该选择一些比较轻松的玩笑开，如果不是特殊需要，切不可开比较“重”的玩笑。

所以，玩笑话也不是能信口开河随便说的，要学会开好玩笑，上面 4 点绝不能疏忽，这样你的玩笑才能达到融洽气氛、拉拢距离、获得他人好感的效果。

第三章

果断远离那些没有边界感的人

记住，拒绝是你的权利

对于一些人来说，说“不”是一件十分困难的事。配偶、朋友、孩子、老板、同事总有可能向你提出一些要求或请你帮忙。但是如果有些事情超出了你的能力，而你却碍于脸面，硬着头皮答应下来，最后为难的却是你。其实，你完全有权利对别人说“不”。

拒绝别人不是一件什么罪大恶极的事情，也不要把说“不”当成要与人决裂。是否把“不”说出口，应该是在衡量了自己的能力之后，做出的明确回应。虽然说“不”难免会让对方生气，但与其答应了对方又做不到，还不如表明自己拒绝的原因，相信对方也会体谅你。

雪莉·茜是好莱坞一位管理一家大制片公司的女士，她在 30 岁就当上了著名电影公司的董事长。为什么她有如此能耐呢？主要原因是，她言出必行，办事果断，懂得拒绝。

好莱坞经理人欧文·保罗·拉札谈到雪莉时，认为与她一起工作过的人都非常敬佩她。欧文说，每当她请雪莉看一个电影脚本时，她总是立即就看，很快就给答复。不像其他人，如果给他看个脚本，即便不喜欢，也不表明态度，根本就不回话，而让你傻等。但是雪莉看了给她送去的脚本，都会有一个明确的回答，即使是她说“不”的时候，也还是把你当成朋友来对待。这么多年来，好莱坞作家最喜欢的人就是她。

通常情况下，如果是遇到一些不好办的事情，很多人总是以沉默来回答，事实上这种不明朗的拖延并不好，让对方感觉不到诚意。其实学会委婉地拒绝同样可以赢得他人对你的尊敬。

如果面对别人的不合理要求，明明知道自己做不到，却又违心地答应，这样的结果只能既造成对方的困扰，又失去别人对你的信任。所以，说“不”没什么开不了口的，只要站得住脚，就请勇敢地向别人说“不”吧。

不要硬撑着，该说“不”时就说“不”

生活中有很多人，由于某种原因而抹不开面子，明明知道是自己很难办到的事，硬是撑着，结果使自己受累，对方也往往会感到尴尬，弄个费力不讨好的结局。

让我们读读下面的故事，或许对你有一些启发。

阿杰刚参加工作不久，姑妈来到这个城市看他。他陪着姑妈把这个小城转了转，就到了吃饭的时间。

阿杰身上只有50元钱，这已是他所能拿出招待对他很好的姑妈的全部资金。他很想找个小餐馆随便吃一点，可姑妈偏偏相中了一家很体面的餐厅。阿杰没办法，只得硬着头皮随她走了进去。

两人坐下来后，姑妈开始点菜。当她征询阿杰的意见时，阿杰只是含混地说：“随便，随便。”此时，他的心中七上八下，放在衣袋中的手紧紧抓着那仅有的50元钱。这钱显然是不够的，怎么办？

可是姑妈似乎一点也没注意到阿杰的不安，她不住口地夸赞着可口的饭菜，阿杰却什么味道都没吃出来。

最后的时刻终于来了，彬彬有礼的侍者拿来了账单，径直向阿杰走来。阿杰张开嘴，却什么也没说出来。

姑妈温和地笑了。她拿过账单，把钱给了侍者，然后盯着阿杰说：“我知道你的感觉。我一直在等你说‘不’，可是你为什么不说呢？要知道，有些时候一定要勇敢坚决地把这个字说出来，这是最好的选择。我来这家餐厅，就是想要让你知道这个道理。”

这一课对所有的青年人都很重要：在你力不能及的时候要勇敢地把“不”说出来，否则你将陷入更加难堪的境地。

一个助人为乐的人唠叨说：“能帮上忙我很快乐，但是我也不想因帮忙而受到不尊重。有一回午夜时分一个陌生的太太说要将她的三个孩子送来我家，且要我负责接送上下学、伙食和讲床边故事。另一回，也是带人家的小孩，小孩的父亲怪我的伙食不行，还说我没教孩子英文、珠算、数学！还有一回，人家托我带孩子，说好晚间八点准时到，结果我等到十二点还没到！打电话去问，说是‘误会’，就不了了之了。上班时，会计在年度结算，托我帮忙，我算得头昏脑涨，那会计喝茶快活去了。最后，还怪我太慢，害她被老板骂。”

做人应该懂得拒绝，该拒绝的必须拒绝。不要凡事都往自己身上揽，这样别人才会重视你、尊重你。一味地好心，不仅加重了别人的依赖，也加重了自己的负担，导致自己生活得很累。

用故意错答拒绝陌生人的无理要求

错答是一种机警的口语表达技巧，既可用于严肃的口语交际场合，也可用于风趣的日常口语交际场合。错答的主要特点是不正面回答问话，但并不是反唇相讥，而是用话岔开对方所问的问题，做出与问话意思错位的回答。

有一位美丽的姑娘独自坐在酒吧里，从她的穿着来看，她一定来自一个富裕的家庭。其实这位姑娘在等一个好朋友，在没有见到朋友之前，她只想静静地一个人待着，可是一个又一个的男人前来与她搭讪。这位姑娘实在不想被打扰，但朋友还没到。这时，又有一位青年男子走过来殷勤地问道:“这儿有人坐吗？”

“你说到哪个酒店去？我没听清楚。”姑娘大声说。

“不，不，你弄错了。我只是问这儿有其他人坐吗？”

“今夜就去？”姑娘尖声叫着，比刚才更激动。

这位青年男子被她弄得狼狈极了，赶紧到另一张桌子去了。许多顾客愤慨而轻蔑地看着他。

这就是很典型的错答，是用来排斥对方和躲闪的交际手段。当别人想邀请你做一件你不想做的事，你可以采取答非所问的方式巧妙地暗示对方，你对他的邀请不感兴趣，他就会知趣而退。

装糊涂并不是真糊涂，而恰恰是一种高明的阴柔之道，它真正体现的是你的聪明与灵活。大致来说，运用答非所问的语言技巧时，需要注意以下几点。

第一，要注意对象和场合；

第二，使对方明白既是回答又不是回答，潜在语是不欢迎对方的问话；

第三，有时要利用问话的含混意思，答案虽模棱两可、似是而非，但对方也无法责怪你。

不失礼节地拒绝他人的不当请求

拒绝亲密之人的不当要求是一门学问，是一项应变的艺术。想在拒绝时既消除自己的尴尬，又不让对方无台阶可下，这就需要掌握一些巧妙的拒绝方法，比如：

1. 巧用反弹

别人以什么样的理由向你提出要求，你就用什么样的理由拒绝，这就是巧用反弹的方法。在《帕尔斯警长》这部电视剧中，帕尔斯警长的妻子出于对帕尔斯的前程和人身安全考虑，企图说服帕尔斯中止调查一位大人物虐杀自己妻子的案子。最后她说：“帕尔斯，请听我这个做妻子的一次吧。”他却回答说：“是的，这话很有道理，尤其是我的妻子这样劝我，我更应该慎重考虑。可是你不要忘记了这个坏蛋亲手杀死了他的妻子！”

2. 敷衍拒绝

敷衍式的拒绝是最常用的一种拒绝方法，敷衍是在不便明言回绝的情况下，含糊地回绝请托人。拒绝亲密之人的不当要求也可采用这一方法。运用这种方法时，也需对方有比较强的领悟能力，否则难以见效。具体采用这种方法时，我们可以运用推托其词、答非所问、含糊拒绝等具体方式。

3. 巧妙转移

面对别人的要求，你不好正面拒绝时，可以采取迂回的战术，转移话题也好，另找理由也好，主要是利用语气的转折——绝不会答应，但也不致撕破脸。比如，先向对方表示同情或给予赞美，然后再提出理由加以拒绝。由于先前对方在心理上已因为你的同情而对你产生好感，所以对于你的拒绝也能以“可以谅解”的态度接受。

总之，面对亲密之人提出的不当要求时，切忌直接拒绝，尽量使用间接拒绝的方法。从对方的立场出发，阐明自己的观点，就会使对方自然而然地接受了。

此外，拒绝别人时也要有礼貌。任何人都不愿被拒绝，因为被别人拒绝会感到失望和痛苦。当对方向自己提出不合理要求时，你可能感到气愤，甚至根本无法忍受，但你也要沉住气，你千万不可大发雷霆、出言不逊、恶语伤人。

拒绝要选择适当的时机和场合

现实生活中，如果是朋友请你帮忙，你在拒绝时，除了要有充分的理由之外，还必须注意拒绝的时机和场合。从时机来说，拒绝要趁早，切忌一味拖延。

小姗逛街时，偶遇一位大姐，她是小姗从前的邻居。大姐拉着小姗的手问长问短，然后像发现了新大陆似的，指着她的脸说："年纪轻轻的，可不能光为了赚钱，忽略了对皮肤的保养。看你啊，眼角都有皱纹了，皮肤也没有光泽……"

大姐的一番话，让小姗感觉脸上火烧火燎的，恨不能一头扎进美容院，来个脱胎换骨。这时，大姐变魔术似的拿出一沓资料，笑眯眯地说："不如试试这个产品，效果特别好，现在搞活动，价格也优惠不少呢！"

再看看递过来的名片，小姗明白过来，原来这位大姐在搞化妆品推销。小姗本来对这些东西没兴趣，但碍于老邻居的面子，只好接过来，说要拿回去好好看看。

回到家，小姗把资料扔到一边，根本没放在心上。不料，第二天，这位大姐竟拿着两张碟片找到小姗的公司，小姗只好硬着头皮接下来。又过了几天，大姐再次打来电话问："怎么样，选好了吗？"

说实话，小姗根本没时间看碟片，花几千元买套化妆品，她的经济实力也负担不起。后来，她因挨不过大姐的催促，只好说："不好意思，我决定暂时不买。"结果这位大姐第二天就一脸阴沉地过来把碟片拿走了，好像小姗欠了她一大笔钱似的。

通常而言，拒绝的时间，一般是早拒比晚拒好。因为及早拒绝，可以让对方抓住时机争取别的出路。无目的的拖拉，则是一种不负责任的态度。

小姗在这件事上考虑到面子，没有及时拒绝，后来却影响了自己与老邻居的关系。所以，在向熟人表示拒绝时一定要趁早，一味拖延反而会使事情更糟，对方会觉得你连最基本的礼节都不懂。

很多人在拒绝对方的时候，因为感到不好意思，而不敢据实言明，支支吾吾，这样会使对方摸不清自己的真正意思，而产生许多不必要的误会。其实，在人际交往中，不得不拒绝是常有的事情，因此搞坏交情的并不多；倒是有些人说话语意暧昧、模棱两可，容易引起对方误会，甚至导致关系破裂。

当然，不管你怎样“委婉”地及早拒绝，对方遭到拒绝总归是不愉快的。怎样才能使对方的这种不愉快减少到最低限度，或者反而使双方的关系更进一步呢？这就要求你的态度要诚恳，不要在公共场合当着其他人的面拒绝人。

拒绝他人的时候，一定要考虑周全，让对方不过于难堪。切不可不管不顾，在众人的面前直接拒绝对方，这样会使对方感觉被伤得很深。尤其是拒绝熟人时，从时间来说最好趁早，从场合上来说，最好没有第三人在场，这样可以顾及被拒绝人的颜面和自尊，将伤害降到最低。

师出有名，给你做的每件事一个说法

很多时候，我们需要为自己所做的事找一个理由，这样，我们所做的事才更容易得到别人的认同。

做任何事情都要有正当的理由，至少是表面上的。古往今来，凡是成大事的人，都懂得为自己做的事找一个能够为人所接受的借口。

人与人交往，有时难免要借助善意的借口、美丽的谎言，因为这是关心对方、理解对方的一种表示，对人际关系的和谐大有裨益。如果我们懂得运用这种真诚和善意来处理相互间的关系，我们与他人的交往便更具艺术性。

戴尔·卡耐基在《人性的弱点》一书中，有这样一个例子。

一个妇女应老师的要求，回到家中请她的丈夫给自己列出6项缺点。本来，她丈夫可以给她列举出许多缺点，他却没有这样做。而是借口说自己一时还很难想清楚，等次日想好后再告诉她。第二天，他一起床，便给花店打了一个电话，要求给他家送来6枝玫瑰花，并附了一张字条："我想不出有哪6项缺点，我就喜欢你现在的样子。"结果，他妻子不仅非常感激他那善意的宽容，而且自觉、自愿地改正了以前的缺点。

日常交往中，我们每个人都在有意、无意地用着这样或那样的借口。比如，朋友来家做客，不小心打碎了茶杯，这时，你马上说："不要紧，你才打了一只，我爱人曾经打碎了三只。相比起来，你的战绩平平！"这种幽默的借口，既打破了尴尬的局面，也避免让对方陷入难堪的境地。

可见，在日常生活中，要处理好人与人之间的关系，做到善解人意、与人为善，有时就需要寻找合适的借口。因为这种善意的借口既能满足对方的自尊心，维护对方的颜面，又可以让自己摆脱不必要的尴尬和难堪。

拒绝求爱这样说

如果爱你的人正是你所爱的人，被爱是一种幸福。但是，假如爱你的人并不是你的意中人，或者你一点也不喜欢他（她），你就不会感觉被爱是一种幸福了，你可能产生反感甚至痛苦，这份你并不需要的爱就成了你的精神负担。

别人爱你，向你求爱，他（她）并没有错；你不欢迎，你拒绝他（她）的爱，你也没错。最关键的是看你怎样拒绝。如果拒绝得恰到好处，对双方都是一种解脱，也可以免去许多麻烦；如果你不讲方式，不能恰到好处地拒绝别人的求爱，你就可能造成误解，不但伤害他人，说不定也会危害自己。

你也许曾经有过这样的左右为难，为了顾全对方的面子而难以开口说个“不”字，你不知所措。你被这份多余的爱折磨得痛苦不堪，却不知该如何去做。生活中处在这种矛盾中的人太多了。有些人遇到这些情况时不知该如何拒绝，因处理不当造成了很不好的后果。

那么该如何巧妙而不失体面地拒绝求爱呢？

首先要做到直言相告，以免产生误会，这是非常必要的。

你若已有意中人，又遇求爱者，那么就直接明确地告诉对方，你已有爱人，请他（她）另选别人，而且一定要表明你很爱自己的恋人。同时，切忌向求爱者炫耀自己恋人的优点、长处，以免伤害对方的自尊心。

倘若你认为自己年纪尚小，不想考虑个人问题，那正好，你可以直言不讳，讲明情况。

其次，倘若你不喜欢求爱者，根本没有建立爱情的基础，可以在尊重对方的基础上婉言谢绝。

对自尊心较强的男性和羞涩心理较重的女性，适合委婉、间接地拒绝。因为有这类心理的人，往往克服了极大的心理障碍，鼓足勇气才说出自己的感情，一旦遭到断然的拒绝，很容易感到受了伤害，甚至痛不欲生；或者采取极端的手段，以平衡自己的感情创伤。因此拒绝他们的爱，态度一定要真诚，言语也要十分小心。你可以告诉他（她）你的感受，让他（她）明白你只把他（她）当朋友、当同事或者当兄妹看待，你希望你们的关系能保持在这一层面上，你不愿意伤害他（她），也不会对别人说出你们的秘密。

你不妨说：“我觉得我们的性格差异太大，恐怕不合适。”

“你是个可爱的女孩，许多人喜欢你，你一定会找到合适的人。”

“你是个很好的男人，我很尊重你，我们能永远做朋友吗？”

“我父母不希望我这么早谈恋爱，我不想伤他们的心。”

如果这些自尊和羞涩感都挺重的人没有直接示爱，只是用言行含蓄地暗示他们的感情，那么你也可以采取同样的办法，用暗含拒绝的语言，用适当的冷淡或疏远来让他（她）明白你的心思。

要记住，拒绝别人时千万不要直接指出或攻击对方的缺点或弱点，因为你觉得是缺点或弱点的地方，对他（她）自己来说也许并不认为是缺点。所以，不能以一种“对方不如自己”的优越感来拒绝对方。特别是一些条件优越的女青年，更不能认为别人求爱是“癞蛤蟆想吃天鹅肉”而一推了之，或不屑一顾、态度生硬，让人难以接受。

不过，对于带有骚扰性的某些“求爱”方式，就不必手下留情，一定要果断出击。

如果你是一名美女，你难免遇到“性骚扰”。随着开放程度的日益提高，女性走出家庭，与男子一样，在社会工作中担任着重要的角色，而且敢于展示自己的美，这就招来一些好色之徒，使他们有了非分之想。爱美之心人皆有之，但对美女的垂涎太过分，就成了“性骚扰”。女性遭到来自男性的骚扰，如果太过软弱，就会使好色之徒得寸进尺；如果义正词严地怒目斥之，就可能陷入麻烦之中弄得自己不开心。比较聪明的办法是，以机智的讥讽言辞使其退却，这是一个两全其美的法子。

试看这位漂亮的少妇是如何抗拒性骚扰的。

一个生性风流的男子，看到了一位漂亮的少妇迎面走过来，便跟在她后面，寻找机会和她搭话，但因为不相识，不好开口。忽然瞥见她手上挎了个提包，于是找到了话题，他嬉皮笑脸地说：“请问，您这漂亮的小提包是从哪儿买的，我也想给我妻子买一个。”没想到这位少妇冷冷地说：“你妻子有这种包会倒霉的。”“为什么呀？”少妇幽默地回答说：“因为不三不四的男人会以提包为借口找她的麻烦。”

这位少妇看穿了这个风流男子的意图，但没有揭穿他，而是接过男子的话头，以幽默、机智的嘲讽言辞给了他当头一棒。这个男子见难以得手，只得灰溜溜地逃之夭夭了。

约会是男女开始真正意义上的恋爱的标志，所以，接受别人的约会请求也意味着接受别人的求爱。对于不愿意接受的示爱者，我们首先应该拒绝与其约会，不能因为一时心软而使对方误会，导致真正明确两个人关系时牵扯不清，给对方造成更大的伤害。拒绝约会应该有“快刀斩乱麻”的魄力，因为这不仅仅代表对一次约会的推搪，而且暗示着自己对对方的爱情的谢绝，这就要求我们一方面要把握说话的分寸，不伤害对方的感情；另一方面要表明心意，断绝对方再次邀请的念头。

找各种各样的借口来推搪约会，使对方体会到拒绝之意。

上课、加班、身体欠佳、天气不好……这些都可以成为拒绝约会的好借口。在搬出这些借口的同时，可以有意地露出破绽，让对方从借口的不严密中明白是在有意敷衍。此外，也可以以委婉的方式暗示自己确实不愿意与对方交往。总之，借口不能找得太严密、太合乎情理，不要让对方误认为是客观原因导致不能赴约，从而把约会的时间推至以后，令自己再次处于被动局面。

张京对同事小洁暗恋已久，这天，他终于鼓起勇气约小洁出来看电影。小洁也觉察到了张京对自己的感情，无奈自己对他实在没有“触电”的感觉，于是对他说：“真是对不起。这段时间我正在上夜大的电脑培训班，每天晚上都有课。上完夜大后又要准备英语的等级考试，实在没有看电影的空闲时间。要不，你找刘伟吧，你们哥儿俩不是常在一起讨论好莱坞的影片吗？”张京听了，只好悻悻而归，从此再也没向小洁提出过约会的请求。

看一场电影只需要一两个小时的时间，如果小洁愿意接受张京的话，怎么也能抽出点时间来赴约，而她的推辞却根本没有流露出任何的遗憾和改日赴约的愿望。想清楚了这一点，张京自然明白小洁的拒绝之意，只得收回自己的感情。

暗示已经有了意中人，使对方知难而退。

由于约会是恋爱的前奏，当对方刚刚提出约会，尚未表露爱意时，可以“先发制人”，间接说明自己已经心有所属。对方听了之后，明白自己希望渺茫，自然不会强求，有时甚至为了避免尴尬，找理由取消此次约会。

郭建对新来的同事孙红一见钟情，星期五下午下班前，他打电话给孙红：“我听朋友说，这两天香山的枫叶红得最美，你有兴趣和我一起去看看吗？”孙红立刻明白了他的意思，于是笑着答道：“哎呀，真是不巧。明天恰好我男朋友的妈妈过生日，我要赶着去拜寿，要不我们改天再叫几个朋友一起去？”郭建听了，心里凉了半截，只得敷衍道：“那……那就以后再说吧！”

孙红以男朋友的母亲过生日为由，既推掉了郭建的邀请，又表明自己已“名花有主”。郭建只好识趣地知难而退，便不会再提出什么约会的邀请了。

无论如何，在爱情的历程中，当遇到不满意或不能接受的求爱时，最好采用恰当的语言婉言拒绝，巧妙收场。

通过暗示巧说“不”

很多时候，我们不得不拒绝别人，但是怎样将这个难说的“不”说出口呢？暗示，是一种不错的选择。

美国出版家赫斯脱在旧金山办他的第一份报纸时，著名漫画大师纳斯特为该报创作了一幅漫画，内容是唤起公众来迫使电车公司在电车前面装上保险栏杆，防止意外伤人。然而，纳斯特的这幅漫画完全是失败之作。发表这幅漫画有损报纸质量，但不刊登这幅漫画，又怎么向纳斯特开口呢？

当天晚上，赫斯脱邀请纳斯特共进晚餐，先对这幅漫画大加赞赏，然后一边喝酒，一边唠叨不休地自言自语："唉，这里的电车已经伤了好多孩子，多可怜的孩子，这些电车，这些司机简直不像话……这些司机真像魔鬼，瞪着大眼睛，专门搜索着在街上玩的孩子，一见到孩子们就不顾一切地冲上去……"听到这里，纳斯特从座椅上弹跳起来，大声喊道："我的上帝，赫斯脱先生，这才是一幅出色的漫画！我原来寄给你的那幅漫画，请扔入纸篓。"

赫斯脱就是通过自言自语的方式，暗示纳斯特的漫画不能发表，让纳斯特欣然接受了意见。

另外，通过身体动作也可以把自己拒绝的意图传递给对方。当一个人想拒绝对方的继续交谈时，可以做转动脖子、用手帕拭眼睛、按太阳穴以及按眉毛下部等漫不经心的小动作。这些动作意味着一种信号：我较为疲劳、身体不适，希望早一点停止谈话。显然，这是一种暗示拒绝的方法。此外，微笑的中断、较长时间的沉默、目光旁视等也可表示对谈话不感兴趣、内心为难等心理。

一天，为了配合下午的访问行程，小王想把甲公司的访问在中午前结束，然后依计划下午第一个目标要到乙公司拜访。但是，甲公司的科长提出了邀请："你看到中午了，一起吃中饭吧？"

小王与甲公司这位科长平常交情不错，他又是非常重要的客户，不能轻易地拒绝。但是，和这位爱聊天的科长一起吃中饭，最快也要磨蹭到下午一点才能走。小王怎样才能不伤和气地拒绝呢？

答案就是在对方表示“要不要一起吃饭”之前，小王就不经意地用身体语言表现出匆忙的样子，例如说话语速加快或自然地看看表等。但记住：这种时候千万不要过早露出坐立不安的神情，以免让人怀疑你合作的诚心。

巧妙地学会用暗示的方法拒绝别人，让对方明白你在说“不”，不仅能把事情办妥，而且不伤和气。

绕个弯儿再拒绝

断然拒绝别人可以显得一个人不拖泥带水，但对遭到拒绝的人来说，却是很不够义气的。聪明人这时会绕个弯，不直接说出拒绝的话，而让对方明白意思。

1799 年，年轻的拿破仑·波拿巴将军在意大利战场取得全胜凯旋。从此，他在巴黎社交界身价倍增。也成为众多贵妇追逐青睐的对象。

然而，拿破仑对此却并不热衷。可是，总有一些人紧追不放，纠缠不休。当时的才女、文学家斯达尔夫人，几个月来一直在给拿破仑写信，想结识这位风云人物。

在一次舞会上，斯达尔夫人手上拿着桂枝，穿过人群，迎着拿破仑走来。拿破仑躲避不及。于是，斯达尔夫人把一束桂枝送给拿破仑，拿破仑说道：“应该把桂枝留给缪斯。”

然而，斯达尔夫人认为这只是一句俏皮语，并不感到尴尬。她继续有话没话地与拿破仑纠缠，拿破仑出于礼貌也不好生硬地中断谈话。

“将军，您最喜欢的女人是谁呢？”

“是我的妻子。”

“这太简单了，您最器重的女人是谁呢？”

“是最会料理家务的女人。”

“这我想到了，那么，您认为谁是女中豪杰呢？”

“是孩子生得最多的女人，夫人。”

他们这样一问一答，拿破仑也达到了拒绝的目的。斯达尔夫人也知道了拿破仑并不喜欢自己，于是作罢。

小王毕业以后分到一个小地方打杂，开始很失意，成天和一帮哥们喝酒、打牌。后来逐渐醒悟过来，开始报名参加等级考试。

有一天晚上，他正在埋头苦读，突然一个电话打过来叫他去某哥们家集合，一问才知道他们“三缺一”。小王不好意思讲大道理来拒绝他们的要求，也不想再像以前没日没夜地玩了，便回答说：“哎呀，哥们儿，我的酸手艺你们还不清楚啊，你们成心让我‘进贡’嘛，我这个月的工资都快见底了，这样吧，一个小时，就打一个小时，你们答应我就去，不答应就算了。”一阵哄笑后，对方也不好食言，后来他们都知道小王已经另有他事，也就不再打扰了。

还有这样一个例子：

1972 年 5 月 27 日凌晨一点，美苏关于限制战略武器的四个协定刚刚签署，基辛格就在莫斯科一家旅馆里向随行的美国记者团介绍情况，当他说到“苏联每年生产的导弹大约 250 枚”时，一位记者问：“我们的情况呢？我们有多少潜艇导弹在配置分导式多弹头？有多少‘民兵’导弹在配置分导式多弹头？”基辛格回答说：“我不太肯定正在配置分导式多弹头的‘民兵’导弹有多少。至于潜艇，我的苦处是数目我是知道的，但我不知道是不是保密的。”一个记者连忙说：“不是保密的。”基辛格反问道：“不是保密的吗？那你说是多少呢？”记者们都傻眼了，只好嘿嘿一笑了之。

绕着弯拒绝别人，是讨人喜欢的一种说话方式。但绕弯必须做到不讨人厌，也就是说必须巧妙，三言两语能够把拒绝的意见表达出来。如果绕了半天，对方还是一头雾水，那就弄巧成拙了。

找个人替你说“不”，不伤大家感情

在拒绝他人的诸多妙法中，有一种比较艺术的方法就是制约法。所谓制约法，就是以别人的身份表示拒绝。这种方法很容易被人理解：既然爱莫能助，也就不便勉强。

有个女孩子是个集邮爱好者，她的几个好朋友也是集邮迷。一天，有个朋友向她提出要换邮票，她不同意换，但又怕朋友不高兴，便对朋友说：“我也非常喜欢你的邮票，但我妈不同意我换。”其实她妈妈从没干涉过她换邮票的事，她只不过是以此为借口，但朋友听她这样一说，也就作罢了。

有时为了拒绝别人，可以说：“对不起，这件事情我实在不能决定，我必须去问问我的父母。”或者是：“让我和孩子商量商量，决定了再答复你吧。”

这是拒绝的好办法，表示能起作用的不是本人，既不伤害朋友的感情，又可以使朋友体谅你的难处。

人处在一个大的社会背景中，互相制约的因素很多，为什么不选择集体决议的回应方式呢？如：有人让你作决定，假如你是领导成员之一，你可以说，我们单位是集体领导，像刚才的事，需要大家讨论才能决定。不过，这件事恐怕很难通过，最好还是别抱什么希望，如果你实在要坚持的话，待大家讨论后再说，我个人说了不算数。这就是把矛盾引向了另外的地方，意思是我不是不给你办，而是我决定不了。请求者听到这样的话，一般都要打退堂鼓。

一个年轻的物资销售员经常与客户在饭桌上打交道，长此以往，他觉得自己的身体每况愈下，已不能再像以前那样喝太多的酒了。可有时又是免不了要喝酒的，怎么办呢？后来他想到一个妙计。每当客户劝他多喝点的时候，他便诙谐地说：“诸位仁兄还不知道吧，我家里那位可是一个母老虎，我这么酒气熏天地回去，万一她河东狮吼起来，我还不得跪搓衣板啊！”

他这么一说，客户觉得他既诚恳又可爱，自然就不再多劝了。

所以，如果难以开口的话，不妨采取这里所讲的方法，找一个人“替”你说“不”，这样所有的尴尬都可以分化，别人也不会对你有所抱怨。

善用对方的话回绝，干脆又不伤人

拒绝不一定非要表明自己的意思，许多时候，善用对方的话来拒绝他，是更聪明的选择。只要合理地从对方的话语里引出一个合乎逻辑的相同问题，巧踢“回旋球”，让对方“哑巴吃黄连——有苦说不出”。

小李从旅游局一个朋友那里借了一架照相机，他一边走一边摆弄着，这时刚好小赵迎面走来了。他也知道小赵有个毛病：见了熟人有好玩的东西，非得借去玩几天不可。这次看见了他手中的照相机又非借不可了。尽管小李百般说明情况，小赵依然不肯放过。小李灵机一动，故作姿态地说：“好吧，我可以借给你，不过我要你不要借给别人，你做得到吗？”小赵一听，正合自己的意思。他连忙说：“当然，当然。我一定做到的。”“绝不失信。”小李还追加一句说，“绝不失信，失信还能叫作人？”小李斩钉截铁地说：“我也不能失信，因为我也答应过别人，这个照相机绝不外借。”听到这，小赵也目瞪口呆了，这件事也只有这样算了。

有一部分人会产生这样的想法，难道我们在现实生活中都非要拒绝别人不可吗？我们在拒绝他人时都要采用这些委婉的方法吗？这个问题问得恰到好处。

在现实生活中，关于拒绝他人，我们还要注意以下问题：

第一，在日常生活中，我们就应该真诚地对待朋友和同学，积极地帮助他们。每个人都应该明白一个简单的道理“平时帮人，拒人才不难”，以上方法主要应用于那些的确违背我们意愿的事情。

第二，如果是由于自己能力或客观原因，我们应该坦诚相对，说明自己的实际情况，同时，要积极帮对方想办法。

第三，对于某些情况，直接说“不”的效果更好，特别是对于那些违法乱纪的事情，应持坚决的态度来拒绝。对于那些可能引起误解的事情，也应该明确自己的态度，否则会“当断不断，反受其乱”。此外，由于拒绝不明可能会影响对方，也会影响事情的发展方向，应该直截了当地拒绝它。

第四，即使我们掌握了一些比较好的方法，在一般的拒绝中，我们也应该语气委婉，最好还能面带微笑，这样既达到自己拒绝他人的目的，又消除由于拒绝给对方带来的不快。

拒绝那些说话没完没了的人

有朋来访，促膝长谈，交流思想，增进友情是生活中的一大乐事，也是人生道路上的一大益事。宋朝著名词人张孝祥在跟友人夜谈后，忍不住发出了“谁知对床语，胜读十年书”的感叹。然而，现实中也会有与此截然相反的情形。下班后吃过饭，你希望静下心来读点书或做点事，那些不请自来的“好聊”分子又要扰得你心烦意乱了。他唠唠叨叨，没完没了，一再重复你毫无兴趣的话题，还越说越来劲。你勉强敷衍，焦急万分，极想对其下逐客令但又怕伤了感情，故而难以启齿。

但是，你“舍命陪君子”，就将一事无成，因为你最宝贵的时间，正在白白地被别人占有着。鲁迅先生说：“无端地空耗别人的时间，无异于谋财害命。”任何一个珍惜时间的人都不甘任人“谋财害命”。

那要怎样对付这种说起来没完没了的常客呢？最好的对付办法是：运用高超的语言技巧，把“逐客令”说得美妙动听，做到两全其美。要将“逐客令”下得有人情味，既不挫伤好话者的自尊心，又使其变得知趣。

例如，暗示滔滔不绝的客人：主人并没有多余的时间跟他闲聊胡扯时，与冷酷无情的逐客令相比，下面的方法就更容易被对方接受。

一是“今天晚上我有空，咱们可以好好畅谈一番。不过，从明天开始我就要全力以赴写职评小结，争取这次能评上工程师了”。这含义是：请您从明天起就别再打扰我了。

二是“最近我妻子身体不好，吃过晚饭后就想睡觉。咱们是不是说话时轻一点”。这句话用商量的口气，却传递着十分明确的信息：你的高谈阔论有碍女主人的休息，还是请你少来光临为妙吧。

有时有些“嘴贫”的人对婉转的逐客令可能会意识不到。对这种人，可以用张贴字样的方法代替语言，让人一看就明白。影片《陈毅市长》里有一位著名的科学家，在自家客厅里的墙上贴上了“闲谈不得超过三分钟”的字样，以提醒来客：主人正在争分夺秒搞科研，请闲聊者自重。看到这张字样，纯属“闲谈”的人，谁还会好意思喋喋不休地说下去呢？

根据实际情况，我们可以贴一些诸如“我家孩子即将参加高考，请勿大声喧哗”“主人正在自学英语，请客人多加关照”等字样，制造出一种惜时如金的氛围，使爱闲聊者理解和注意。一般，字样是写给所有来客看的，并非针对某一位，所以不会令某位来客过于难堪。

第四章

这些年你吃的亏，都是因为不懂边界感

听到“一见如故”，就要提高警惕保持距离

一见如故固然是幸运的，但是有的时候也是不幸的开始。

“一见如故”是很多初见面的人习惯使用的一句话，意思是：虽然是初次见面，可是彼此的感觉就好像已经认识很久了那般。

的确是有一见如故的情形发生，这是很难用科学来解释的现象，只能说这彼此一见如故的人上辈子有过约定！

能碰到一见如故的人是人生中的一种幸运，因为彼此可以少掉“试探”这个过程，而直接进到“交心”的层次。一见如故固然是幸运，但有时却也是不幸的开始。

人会呈现他的多面性。在不同的时空，善与恶会因不同的刺激而以不同的面貌出现。也就是说，本性属“恶”的人，在某些状况之下也会出现“善”的一面；本性属“善”的人，也会因为某些状况的引动、催化而出现“恶”的作为。而何时何地出现“善”与“恶”，甚至人们自己也无法预测及掌握。例如，一辈子循规蹈矩的正人君子有可能因为一时缺钱而忽然浮现恶念，这是他过去所无法想象的事，但就是发生了，连他自己都感到不解。

因此，当一个人和你初见面，并且热情地说和你“一见如故”时，你可以不必拒绝他的热情，甚至也可回他一句“一见如故”！但你一定要理性地看待这句话，思索这句话的真正意义。因为这可能纯粹是一句客套话，也有可能是一颗裹上糖衣的毒药——他是要用温情来拉近和你的距离，好从你的身上获得某些利益。如果这是一句客套话，你的热切响应不但无法

对对方产生效用，自己也会因为对方随之而来的冷淡而受伤；还有可能暴露了自己，反给有心人以可乘之机；而最有可能的是，你把对方吓跑了！如果对方真的另有所图，你的热切响应，正是自投罗网，结果也就不用多说了。

因此，当你听到“一见如故”这句话时，你应该：

想想自己有没有因为这句话而兴奋、感动？如果有，那么就赶快浇熄、扑灭这些兴奋和感动，以免自作多情或自投罗网。

如果对方的“一见如故”还有后续动作，你应该与之保持一种善意的距离。保持距离的目的是检验对方用心的真伪，以免自己受伤。

如果对方和你彼此都“一见如故”，这是最危险的状况。你应该立刻后退，以免引火自焚，或因太过接近而彼此伤害，葬送有可能好好发展的友情。如果“一见如故”只是对方一厢情愿，“话不投机半句多”，就不必花心思在这上面了！

当然，如果双方“一见如故”，也都理智地“各取所需”，那就另当别论了。

不过，有些人不说“一见如故”，却直接用行动表示，这种人你也应该和他保持距离。

你最应该提防的是，“一见如故”中，有心者常会掺杂很多奉承的语言，这很容易迷乱一个人的判断，也让人最难抗拒。因此，当听到这类话语时，你就要提高警觉了！

越是“美丽”的东西越要防范

越是美丽的东西越能让人疏于防范，其实看似鲜艳美丽的东西往往是最危险的，就像玫瑰一样，鲜艳玫瑰刺更多；就像毒蘑菇一样，越是色彩艳丽越是有毒。当你被它美丽的外表所迷惑时，它早已在暗中为你准备好了尖刺和毒素。

在生活中我们看待事物也一定要记住这点，别人的称赞和讨好越是美妙动听，其后掩藏的蓄谋就越不可告人，越对你有杀伤力。此时你稍有不慎，就会得意忘忧，为之蒙蔽，后果不堪设想。

春秋时期，晋国大夫伯宗，有一天上完早朝之后，踩着轻快的脚步，一路上哼着歌回到家里。他老婆眼看丈夫喜形于色，便问他说："什么事让你心情这么好？"

伯宗说："今天我在朝上发表了一些议论，结果博得满堂彩，大家都称赞我的智慧与谋略不在前朝太傅阳处父之下。"

妻子听完后，脸色一沉说："唉，阳处父这个人虚有其表，就靠一张嘴，学问不怎样，却喜欢求表现，难怪后来被刺杀。我不明白，人家说你像他，有什么值得高兴的呢？"

被自己老婆浇了一盆冷水的伯宗，当然不承认自己虚有其表，就又急着补充当时被称赞时的详细情形，而且说得口沫横飞，生怕漏掉任何一个足以证明自己光彩的细节。

他老婆听得有些不耐烦了，就干脆直接对他说："朝臣之间各怀鬼胎，因此，你不要对别人的称赞太过认真。何况，现在的朝政乱糟糟的，老百姓的不满已经积蓄很久了，你出了那么多馊主意，一定会惹祸上身。依我看，现在最要紧的事，莫过于为咱们家儿子安排好必要的侍卫，以保障他的生命安全。"

后来，伯宗果然在政界斗争中被其他大臣围攻，儿子则在卫士毕阳的护卫之下逃到楚国避难。

喜爱美丽、向往浮华是人的本性，好听赞美、喜闻荣耀也是人普遍的喜好。但人在鲜艳夺目、外表美丽的事物面前，很容易被迷惑住，因而丧失防备之心，一旦它露出暗藏的毒刺，那么人注定要被伤害。因此，在任何时候都要保持警惕之心。

所以，我们在生活中要时刻保持清醒的头脑，不要被美妙的假象迷了眼。

经常恭维你的，多数是你的敌人

朋友之间相互欣赏，可能会时不时地说出几句赞美的话，但是那些经常用好听的话恭维你的人，背后往往是一颗不怀好意的心。对此你一定要小心，否则会在不经意之间被其所伤。须知，明辨别人的恭维，才能躲过明枪暗箭的攻击。

饥饿的狮子看到肥壮的公牛在地里吃草。

“要是公牛没有角就好了，”狮子馋涎欲滴地想，“那我就能很快地把它制服了。可它长了角，能刺穿我的胸膛。”

后来，狮子想了个主意。它鬼鬼祟祟地侧着身子走到公牛身旁，十分友好地说：“我真羡慕你，公牛先生。你的头多么漂亮呀，你的肩多么宽阔、多么结实呀！你的腿和蹄多么有力量呀！不过，美中不足的就是有两只角，我不明白你怎么受得了这两只角，这两只角一定叫你十分头痛，而且也使你的外貌受到损害，不是吗？”

公牛说：“你这样认为吗？我从来没有想过这一点。不过，经你这么一提，这两只角确实显得碍事，还有损我的外貌。”

狮子溜走了，躲在树后面看着。公牛等到狮子走远了，就把自己的脑袋往石头上猛撞。一只角先撞碎了，接着另一只角也碎了，公牛的头随之变得平整光秃了。

“哈哈！”狮子大吼一声，跳出来大声说道：“现在我可以摆平你了。多谢你把两只角都撞掉了，我之前没有攻击你，正是这两只角妨碍了我啊！”

每个人都爱听恭维话，这是人的共性，也是人的弱点。听到别人的赞美与恭维，许多人都会沾沾自喜，甚至会飘飘然。然而，许多人只顾得自我陶醉，并没有弄清对方赞美的真正含义。发自内心的真诚赞美是对方对你敬佩之情的自然流露，对此要表示真心的感谢；无关痛痒的客套话可一笑了之；裹着糖衣的不怀好意的恭维，其背后隐藏着不可告人的目的，对此一定要辨识清楚，以免被笑容背后的毒刺所伤。

憨厚的公牛没有抵御住狮子糖衣炮弹的攻击，把狮子别有用心的赞美当成是对它的欣赏，迫不及待地把角撞碎了，以迎合狮子所说的美，最终却命丧狮口。对于心里不设防的人来说，美丽的语言可能比凌厉的攻击更有威力。公牛在夸赞声中兴奋得丢掉了自我，落入了狮子设下的陷阱中。

人贵有自知之明。对于别人的赞美，我们要有清楚的分辨能力，不要为虚伪的客套话所迷惑，这是一种欺骗。当别人赞美自己的时候，切不可只开放自己的耳朵却关上了理智的大脑。别人的恭维只是绽放的焰火，焰火渐渐熄灭的时候，我们的心要归于平静。铸就抵制花言巧语的盾牌，才能不被坏人所利用。

别人的花言巧语和满脸堆笑或许暗藏杀机

很多时候，生活并不如看见的那样风平浪静。很多人在表面上微笑和善，但暗地里却在谋划自己的事情。就像《孙子兵法》中写道：“信而安之，阴以图之；备而后动，勿使有变。刚中柔外也。”全句意为：表面上要做得使敌人深信不疑，从而使其安下心来，丧失警惕；暗地里我方却另有图谋。要做好充分准备，然后再采取行动，不要使得敌方发生意外的变故。这就是外表上柔和，骨子里却要刚强的谋略。

所以，花言巧语、满脸堆笑地对人，极有可能是内藏杀机的外在表露。说得好听，唱得好听，一切都未必出自真心。或许，他们正在计划怎样害你。外表看来显得很温和谦恭，面带微笑，很是大度，但实际上并非如此，其中有气量狭小的，有喜欢猜忌的，有阴险狠毒的。总之，有些人利用此计，目的是想让对手服从自己，在自己设计好的圈套里行事，以此达到自己繁荣昌盛、发财的真正企图和目的。

春秋时期，郑卫公打算吞并胡国（在今安徽省），但他军事装备差，条件有限，不敢直攻，就把自己漂亮的女儿嫁给了胡国国君为妻。这样，郑胡两国联姻，结成了亲家。这仅仅是开头。为了进一步使胡国丧失警惕，制造假象，郑卫公召集大臣商议，他问："我打算用兵兴国，你们看，攻打哪个国家最有利？"大臣们纷纷发表议论。关其思坦率地说："依愚之见，攻打胡国最合适！"卫公一听，马上脸色一沉，愤怒地说："啊！你居然建议向已经同我结亲的兄弟国家胡国动武，这是什么意思？"于是就把关其思给杀了。胡国国君知道此事后，认为郑国对自己非常亲善友好，就再也不对郑国有什么戒心了。可是，就在此后不久，郑国对胡国发动了突然袭击，胡国警戒很松，没有做什么抵抗，就被灭掉了。在很长一段时间里，郑国都是势力强盛的国家，直到公元前375年才被韩国灭掉。

不难看出，"笑里藏刀"的特点是以表面上的友好、善良和美丽的言辞、举止作为假象，掩盖阴险毒辣的用心和企图。

传说在楚王身边，也发生了一个类似的故事。

魏王送给楚王一位美人，楚王非常宠爱。楚王的夫人郑袖知道楚王喜欢这位新来的美人，于是也装出十分喜爱这位美人的样子，待她犹如亲姐妹。无论是衣服玩物、居室卧具，都选最好的给她，甚至有时还表现出爱她胜过爱楚王的意思。

看到这些，楚王对郑袖非常满意，他高兴地说："妇女侍候丈夫，是靠美色，有时妒忌，是因为爱情。现在郑袖知道寡人喜欢美人，于是爱她还胜过爱我，犹如教子之所以事亲，忠臣之所以事君啊！"

郑袖一看时机已到，有一天便以很体贴关怀的口吻对那位美人说："大王对你的美赞叹不已，但有一点美中不足的是，他觉得你的鼻子不太漂亮。如果你以后和大王在一起时，略微掩饰一下子就好了。"

于是，这位美人听从了郑袖的建议，每次一见到楚王，便用袖子掩住自己的鼻子。

楚王觉得奇怪，便问郑袖说："美人为什么见到我，总爱掩住鼻子呢？"

郑袖面有难色地说："我知道其中的原因，但是，我不能说出来。"

楚王更加迷惑："有什么事，居然连我都不想告诉？"

郑袖故意压低嗓子，凑近楚王说："她是讨厌大王身上的臭味。"

楚王一听，气得七窍生烟："太可恨了，把她的鼻子割掉，我不想再见到她了！"

可怜这位美人，至死都没有明白她遭此厄运的原因，是那位待自己亲如姐妹的郑袖的妒忌所致。最可怕的人，并不是面目凶恶的人，而是那些笑里藏刀的人，平时和你"甜哥哥""亲姐姐"地叫着，待到你放松戒备的时候，就在暗处狠狠地捅你一刀。

不识诡诈，必陷入他人的奸谋

俗话说"兵不厌诈"，是指作战时尽可能地用假象迷惑敌人以取得胜利。在现实生活中，不但要懂得"诈"，更要慧眼识"诈"，讨厌诡诈而本本分分行事，固然是君子本色，然而不识诡诈陷入别人的奸谋中，也是要被世人耻笑的。

和士开是北齐世祖高湛的宠臣，他为人奸佞狡诈，引导高湛日日纵酒淫乐，不理国事。和士开自己得以从中揽权纳贿，结党营私。他又和皇后胡氏私通，举国皆知，高湛却不以为意，对他宠信如故。

高湛死后，幼主即位，已成太后的胡氏临朝执政。久已不满和士开专权乱政、秽乱宫廷的亲王重臣集体发难，要求把和士开逐出朝廷，贬到外省为官。

胡太后不听，亲王大臣们也坚持不退，双方各不相让。第二天，亲王大臣们又到朝中要求太后贬逐和士开，态度更为坚决。

胡太后无奈，只好任命和士开为兖州刺史，等葬完齐世祖高湛后就让他去上任。

亲王大臣们一等丧事完毕，就督促和士开上路。胡太后舍不得和士开离去，要留他等过了百日再走，亲王大臣们坚决不允许，胡太后也只得命和士开上路。

和士开知道一离开朝廷就永无回头之日了，说不定半路上这些人就逼着太后下诏处死自己，一时间忧惧万分。他想了一夜终于有了办法。

和士开用车拉着四名美女和一副珍珠帘子去拜访娄定远。这娄定远也是极力主张驱逐和士开的大臣之一。

和士开见到娄定远，故意装出诚惶诚恐的样子，流泪说："诸位权贵要杀士开，全靠大王保护之力，保全了我的性命，还任命为一州刺史。如今向您辞行，送上四名美女子、一副珠帘，聊表谢意。"

娄定远没想到无功却受禄，见到绝色美女和珍珠帘子，更是喜出望外，问和士开："你还想还朝吗？"

和士开说："我在朝内太不安全，如今能出外任职，实在是遂了心愿，不想再回朝中了，只请求大王保护士开，长久担任兖州刺史就心满意足了。"

娄定远以为和士开贿赂自己只是求自己保护他，便信了他的鬼话，满口答应。

和士开告辞，娄定远送他到门口，和士开说：“我如今要到远方去了，希望能有机会觐见太后和皇上。”

娄定远知道和士开和太后的奸情，也没往深处想，以为和士开不过是想和太后叙叙旧情而已，也答应了下来。

在娄定远的安排下，和士开得以见到胡太后和齐后主。

和士开痛哭流涕地说：“在群臣之中，先帝待臣最为恩厚。先帝忽然驾崩，臣惭愧不能追随先帝于地下。如今看朝中权贵的意思，并不只是要害臣，而是要剪除陛下的羽翼，然后行废立大事。臣远行之后，朝中必有大的变故，倘若太后和陛下有所不测，臣有什么面目见先帝于地下！”

胡太后、齐后主被他这一番危言吓得魂不附体，失声痛哭，胡太后便问和士开应当怎样对付。

和士开爬起身，掸掸衣服，笑道：“臣在外固然没办法，如今臣已在宫中，需要的不过是几行诏书而已。”

胡太后、齐后主视他为救星，一切任他所为，和士开便草拟诏书，把娄定远贬为青州刺史，其他大臣也都贬逐得远远的，对亲王则下旨严词谴责。

亲王大臣们见和士开已和太后、皇上打成一片，知道大势已去，只有怅然喟叹而已。

一直带头坚持贬逐和士开的太尉、赵郡王高睿心有不甘，再次进宫找太后理论，被胡太后命卫士在宫中永巷内打杀。

娄定远此时才知上了和士开的当，只好把和士开送他的四名美女和珠帘都还给和士开，又把家里的珍宝拿出来贿赂他，这才免除后祸，真是“赔了夫人又折兵”。

和士开虽有智计，却已脱离权柄，胡太后和齐后主孤儿寡妇，心无主见，高睿等重臣借机切入其中，逼迫胡太后贬逐和士开，胡太后迫于众议，又自知声名不雅，只好忍痛从命。眼看大局已定，不料娄定远见利忘义，头脑简单，把大家冒万险、拼生死从和士开手中夺下的权柄又归还给他，不但自己遭殃，还连累赵郡王高睿白白断送了性命。

其实权力和富贵都是“双刃剑”，控制得宜便身享荣华，控制不当便大祸立至，先前所拥有和享受的，也正是转头来毁掉自己的。但如果一开始能识破小人的权谋诡计，早日提防，便不会招致如此悲惨的结局。

反常的举动背后必有不可告人的意图

不合理的批评往往是掩饰了的赞美。只有一事无成的小人物，才不会引起别人的注意，更不会遭到严厉的批评。别人的恶意批评意味着你已经有所成就，而且值得别人注意了，因为“没有人会踢一只死狗”。

1929年，美国发生了一件震动全国教育界的大事，美国各地的学者都赶到芝加哥去看热闹。在几年前，有个名叶罗勃·郝金斯的年轻人，凭借半工半读从耶鲁大学毕业，当过作家、伐木工人、家庭教师和卖成衣的售货员。现在，只经过了8年，他就被任命为芝加哥大学的校长。他有多大？30岁！真叫人难以相信。老一辈的教育人士都大摇其头，人们对他的批评就像山崩落石一样一齐打在这位“神童”的头上，说他这样，说他那样——太年轻了，经验不够，教育观念很不成熟，甚至各大报纸也参加了攻击。

在罗勃·郝金斯就任的那一天，有一个朋友对他的父亲说：“今天早上我看见报上的社论攻击你的儿子，真把我吓坏了。”

“不错，”郝金斯的父亲回答说，“话说得很凶。可是请记住，从来没有人会踢一只死狗。”

不错，这只狗越重要，踢它的人越能够感到满足。后来成为英王爱德华八世的温莎王子（即温莎公爵），他的屁股也被人狠狠地踢过。当时他在达特莫斯学院读书——这个学校相当于美国安那波里市的海军军官学校。温莎王子那时候才 14 岁，有一天，一位海军军官发现他在哭，就问他发生了什么事情。他起先不肯说，最后终于说了真话：他被学校的学生踢了。指挥官把所有的学生召集起来，向他们解释王子并没有告状，可是他想晓得为什么这些人要这样虐待温莎王子。

大家推诿拖延支吾了半天之后，终于承认说：等他们自己将来成了皇家海军的指挥官或舰长的时候，他们希望能够告诉人家，自己曾经踢过国王的屁股。

“攻击比自己优越的人”是人的一个本性。哲学家叔本华说过：“小人常为伟人的缺点或过失而得意。”总有那么一些人，以讥讽、打击比自己优秀、比自己优越的人为荣，从中得到片刻的心理满足，实际上也是一种虚荣心在作怪。没有任何人喜欢别人的批评，但绝对不可能不受批评。我们不能阻止别人对自己做任何不公正的批评，但我们可以做我们自己：不管别人怎么说，只要自己知道自己是对的就可以了。

从父亲镇定自若的言行中，我们可以知道郝金斯的成就一定是货真价实的。一个如此明智的父亲教出来的孩子能是糊涂的吗？父亲了解郝金斯，他明白所有对儿子的攻击都是不公正的，但他不去争辩，清者自清，浊者自浊，是儿子的出众才引来非议，他为儿子感到自豪。同样，温莎王子并没有做错什么，同学们不过是为了以后的虚荣才踢他屁股，这说明他们对未来的国王是多么重视。

只要你超群脱俗，就一定会受批评。不要恼怒于别人的言语冒犯或恶意批评，这意味着你已经有所成就，别人只不过想通过指责你来得到满足感。收起你遮挡批评的伞吧，让批评的雨水从你的身上流下去，而不是滴在你脖子里。也许，但丁的那句名言最能代表明智的做法："走自己的路，让别人去说吧！"

免费的午餐里大多有"毒药"

世上没有免费的午餐，也没有白来的利益。任何抱着不劳而获、侥幸心理的人，都会被空幻的利益牵着鼻子走，最终陷入别人挖好的陷阱。

古时有个读书人叫张生，博学、口才极好，本来是可以有所作为的，但他很爱占小便宜，被一个骗子骗去了一大笔银子。张生自然又气又恨，想到各地去漫游，希望能抓住那个骗子。事有凑巧，忽然有一天，他在苏州的阊门碰上了那个骗子。不等他开口，骗子就盛情邀请他去饮酒，并且诚恳地向他道歉，说是上次很对不起，请他原谅。过了几天，骗子又跟张生商量说："我们这种人，银子一到手，马上就都花了，当然也没有钱还给你。不过我有个办法，我最近一直在冒充三清观的炼丹道士。东山有一个大富户，和我已经说好了，等我的老师一来，就主持炼丹之事，可我的老师一时半会儿又来不了。你要是肯屈尊，权且当一回我的老师。从那富户身上取来银子，我们对半分，作为我对你的赔偿，而且还能让你多赚一笔，怎么样？"张生听说有好处，就答应了那个骗子的要求。于是这个骗子就让张生伪装成道士，自己伪装成学生，用对待老师的礼节对待张生。那个大户与扮成道士的张生交谈之后，深为信服。两个人每天只管交谈，而把炼丹的事交给了骗子。大户觉得既然有师父在，徒弟还能跑了？不想，那个骗子看时机成熟，就携大户的银子跑了。于是大户抓住"老师"不放，要到官府去告他。倒霉的张生大哭，然而等待着他的，却是一场牢狱之灾。

张生是那种一有好处便昏了头脑的人，甚至连多考虑一下也等不及，便答应了骗子的要求，竟然为了一点钱财与骗子一起干起行骗的勾当。他没有想到，骗子许下的承诺根本不可能兑现。

抱着侥幸心理，企盼拥有免费的午餐，就会像张生一样被人利用，无法脱身。

我们应该在诱人的利益面前，低声问问自己："这种好事怎么会落在我头上？"多一分小心谨慎，才能少一些危险和磨难。

凡事有利必有害，而"免费的午餐"背后更可能隐藏着大害。自古至今，只有能明是非、辨利害的人，才能不身受其害。

小心"热心"帮助你的人，避免他乘人之危

通常情况下，我们有一些自己不能办的事会主动请求别人帮忙。但有的时候却恰恰相反，一些人会主动向你伸出援助之手，即使你根本就不需要帮忙。当遇到这种"热心人"时，一定要加倍小心，所谓"防人之心不可无"。

一个傍晚，王大妈正在散步。街上灯火辉煌，王大妈一边欣赏夜景一边往前走。正当大妈兴致勃勃的时候，一个年轻人突然从旁边走了过来，热心地搀扶着她边走边说："大妈，瞧您这么大年纪，还是走人行道安全，小心车把您给撞了。"面对如此热心的年轻人，王大妈心中一阵感激，连声说："谢谢！"很快，年轻人就消失了。这时，王大妈忽然觉得有点儿蹊跷，她心想自己身子还算硬朗，而且走的路并不是危险地带，这个年轻人却主动将她扶上人行道，心会这么好？她下意识地摸摸口袋，才发现200多元钱不翼而飞了。王大妈这时才恍然大悟，刚才那个"热心人"已经在扶她的过程中将她口袋里的钱掏走了。

王大妈就是因为没有防备这个年轻人，才使自己的200多元钱被偷。相比起王大妈的这次遭遇，李小姐的遭遇就更值得警惕了。

那一天，李小姐在自动取款机前取钱，有一男子紧跟其后。李小姐由于对取款机的使用不是很熟练，连着输入了两次密码都没能取得现金。那位男子装作非常“热心”，走上前把李小姐的卡退出来，拿到旁边的自动取款机上试了半天，也没有取出钱来，便说可能是自动取款机坏了，转身将银行卡还给了李小姐。李小姐第二天再到银行查询时，账上的5000元钱早已没有了。后来那位男子被公安机关抓获。其实那个骗子的手法很简单，他早就等在自动取款机附近，看到有人用自动取款机取钱时操作不熟练，就走上前去假意帮忙。在拿过取款人的银行卡时，便以熟练的手法偷梁换柱，用自己手中一张没有钱的空卡插入取款机。在取款人输入密码后，由于他已经换卡，当然密码不符，取款人不得不再输一次密码。此时骗子已经把密码看在眼里，他悄悄把密码记下来，然后帮取款人取出银行卡，还“好心”地提醒取款人，可能密码记错了，今天不要再取钱了，免得卡被机器“吃”了。取款人离去后，骗子便马上把取款人卡上的现金全部取走，而后再用空卡去骗下一个受害人。

在这个复杂的社会中，当你面临困难，别人主动伸出热情之手时，你或许会因为一时的感激涕零而失去防范之心。这样，一些别有用心的人就会乘虚而入，在假意给你提供帮助的时候顺手窃取财物。

所以，我们在接受别人的热情帮助时，切不可掉以轻心让他人有机可乘。信任别人本是无可厚非的，但是不防人却是大错特错。该信任的时候还是要信任，同时要做好防范的准备，以避免出现问题时悔之晚矣。

工作中的好心人未必都有好心肠

对你和颜悦色、笑脸相迎的人未必真心对你好，俗语说“会咬人的狗从不叫”。

乔治·凯利和鲍尔同在爱德尔大酒店餐饮部掌厨。鲍尔在公司人缘极好，他不仅手艺高超，而且总是笑脸迎人，待人和气，从来不为小事发脾气，和同事和谐相处，乐于帮助别人。同事对他的评价很高，都称他为“好心的鲍尔”。

一天晚上，乔治·凯利有事找经理。到了经理室门口时，听到里面正在说话，并且依稀有鲍尔的声音。他仔细一听原来是鲍尔正在向经理说同事的不是，平日里很多小事都被鲍尔添油加醋地说出来，像汤姆把餐厅的菜单拿给他做餐馆生意的叔叔啦，还有玛丽平时工作不认真，好在工作时间给朋友打电话，并且还说到自己的坏话，借机抬高他本人。乔治·凯利不由得心生一阵厌恶。

从此以后，乔治·凯利对于鲍尔的一举一动，每一个表情、每一句话都充满了厌恶和排斥感。无论他表演得多好，说任何好听的话，乔治·凯利都对他存有戒心。同事也从乔治那里看出了些什么，对鲍尔也敬而远之了。

办公室里的人际关系错综复杂，没有一双“慧眼”是不可能很好地生存的。在强敌如林的竞争者当中，不乏冷若冰霜的自私者、趾高气扬的傲慢者，但更可怕的是所谓的“好心人”。这些“好心人”往往有着不错的人缘，很好的口碑，能够在各种大事小情里发现他们的身影。他们往往戴着友善的面具，赢得上司的信赖和同事的敬重，却在背后干着不好的勾当。他们的可怕之处在于让你找不出谁是使你蒙受不白之冤的人，谁让你置身于不仁不义的两难境地，分不清谁是敌、谁是友。因此，只要擦亮双眼，提高警惕，仔细观察，谨慎处世，那么无论多么狡猾的“好心人”，终有一天是会露馅儿的，现出原形的。

对于在办公室中生存的雇员们，职场的规则告诉我们：这里没有无缘无故的爱，也没有无缘无故的恨。当我们被别人的花言巧语、阿谀奉承所蛊惑时，千万要保持清醒的头脑和提高我们对事情的分析识别能力，并不是每一个对你横眉冷对、不温不火的人都是你的敌人，也并不是所有对你热情周到、称兄道弟的人都是你的朋友。

在工作中，有一种人整天面带笑容，见人十分客气，表现得特别友好。暗地里，却造你的谣，拆你的台。这种所谓的“好心人”，往往容易让你吃了亏还不知道是怎么回事，因为许多人压根儿就不知道这一巴掌正是他打来的。所以，此类人看起来异常谦卑恭敬，礼貌周到，且热情友善绝不难相处，新职员往往有如沐春风之感，可是背后他们做的事你却一无所知，即使开怀畅饮后他们也难有半点口风露出。这种人通常在任何时间、场合、处境，面对任何人物，都会笑面迎人，亲热非常，原因是笑对他来说是一种常态，一种与人沟通的媒介，故眼神往往能与说话相配合，以达到其个人的目的。

对这种所谓的“好心人”，一定要特别当心。这类“好心人”的特点是：上下班总是主动和你打招呼，表现出过分的热情，甚至对你称兄道弟。为了博取你的欢心，往往他还会顺着你的话滔滔不绝地说下去。

另外，这种人如果和同事发生了利害冲突，他会不顾一切地去争取他那一份微小的利益。这时候，他的伪善面具自然就会脱落，露出真实的样子。

在日常工作中，我们与人相处不能只注意表象，也不能仅从某事来判断一个人。很多伪善和假象常欺骗我们的眼睛，我们只有仔细观察，多方求证，时间长了才能看清一个人的真面目。在此之前，待人接物，一定要加倍小心，谨防职场上的“好心人”。

我们对于这种所谓的“好心人”的认识的确需要一个过程。要在观察、了解中分析，才能揭开他的虚假面具，使他的真面目暴露在众人面前。进而，在心理增设一道防线，防止他对自己造成伤害。

你要小心观察，千万不能把他们当成知己好友，而把自己的心事轻易地告之。否则，不但会惹来对方的轻视，还会成为别人的笑柄。同时，你也不能惹恼他。因为如果引起他的反感，他对你的评价就会影响周围人对你的印象，那你不是自讨苦吃吗？当然，只要留心观察，同事中的这类人还是不难辨认的。

用理智避开机遇中的陷阱

商场，表面上看风平浪静，实际上，暗中波涛汹涌。很多看不见的陷阱都敞开着口，笑着等你进去。我们会面临很多现实诱惑，在极度膨胀中，若是飘飘然起来，失去理智，丧失分析问题的理性和谨慎，在盲目中跌入别人预先设置好的陷阱中。

我们经验不足，履历单薄，难免在创业道路上摔跟头。跌倒是难免的，但是避免跌倒也是可能的。面对一些我们不曾遇到的困难，不能确定的东西，千万不要想当然地在自信中贸贸然就草率下定论。因为机会和陷阱只是一念之差，前途却大不一样。草率只会让自己轻易地跌进别人早就布置好的陷阱中。

李耀祖，是一位技术上的天才。他凭借自己的技术、智慧和努力，创建了宏达软件公司，后又成为捷丰集团董事，是一个深受员工爱戴的老板。但就是这样一个阅人无数、久经沙场的“老江湖”却“一着不慎，满盘皆输”，如今，他已经是一个一无所有的人了。

20 世纪 90 年代，软件市场在国内是最有发展潜力的市场。当时，国内软件公司都把精力投入到了政府和国企市场这两块肥肉上，并未重视正在迅速发展的合资企业，而国外软件公司的产品价格又过于昂贵，便出现了一个市场缝隙。李耀祖敏锐的嗅觉很快嗅到了这一不可多得的好机会，机不可失，失不再来，他决定要抓住此良机，迅速填补这个市场空白。

李耀祖是一位印度华裔人士，早在 1990 年，就在新加坡创办了宏达集团，主做商用软件研发。1995 年，他到中国淘金时，发现了中国市场的潜力，决定在中国发展。于是他很快注册了厦门宏达商用软件开发公司，主做 ERP（企业资源计划系统）。但是公司规模不大，能力有限，李耀祖决定扩大规模，加快发展。

不久，李耀祖便找到了一家名为捷丰的上市公司，打算洽谈合作的问题。双方的收购合同中写道：“捷丰集团以亿元人民币收购厦门宏达商用软件开发公司，李耀祖出任捷丰集团董事。收购方式为股权置换，厦门宏达商用软件开发公司以 100% 的股份置换捷丰集团价值亿元的人民币股份权……”

李耀祖心里隐隐觉得有点不对劲，却说不出来哪里不对。在急着想抢占这一市场空白的心理作用下，李耀祖既没有暗自调查这家公司的背景和实际经营状况，也没有仔细思考和分析这一合作细节。面对疑惑却轻易相信对方的回答，犯了兵家之大忌。李耀祖问道：“捷丰集团公司的业绩似乎有问题，为什么公司规模这么大，股价这么高，却一直没有赢利呢？”对方向他解释：“这是资本市场，大家看的是你以后发展的‘潜力’，股价跟赢利之间没有必然的关系。我们的合作准没错，赶快签合同吧。”

似乎也有道理。李耀祖没有细想，在急着进军中国，尽快开始软件开发计划的心理作用下，他大笔一挥，在合同上面签下了自己的大名。之后，双方交接的都很顺利。但是，令李耀祖意想不到的是，捷丰集团一直以来都是由一些黑势力所控制。在过去几年中，其股票被内行人称为“妖股”，股价呈现一种过山车似的起伏状态。然而，即使后来他知道这些也迟了。

宏达公司的销售账款一到，就被原捷丰派驻在宏达的财务总监即刻转走了。不到两个月，捷丰集团的股价也跌到了几分钱一股，成了地地道道的垃圾股。就这样，无论是宏达公司还是捷丰集团都成了空壳子。李耀祖原本看好的商机，却变成了巨大的陷阱，使得他一无所有。

谁都想抓住现有的机会，一举成功。但是世上没有“天上掉馅饼”的好事，太过于顺利的事情，千万不要轻易相信，因为隐藏在机会后面的很有可能就是陷阱。如果我们过于自信，变得自负，让“一定会成功”的心理定式左右我们的判断，混淆我们的视听，或者听不进不同的意见或反面意见，结果只会让自己在扬扬得意中掉进别人早给你挖好的“陷阱”里。

切勿轻信，保持理性

狼是一种非常小心谨慎的动物。如果狼在某个地方发现一头死去的小牛，它不会直接上去食用，而是会表现得异常冷静和谨慎。它会冷峻地审视四周，观察几个小时甚至几天。当它经过谨慎地判断，认为安全可食时，才会慢慢地走过去享用。这足以看出狼为生存而练就的精准的判断能力，可谓“胆大而心细”。

在人生的道路上行走，如若只贪图眼前的小利益，看不见“利”中的“钩子”，那就会上当受骗、受人“钳制”。我们应该向狼学习它们先进的胆略法则，即不贪图小利，做任何事情都要三思而后行。

某工厂从日本某企业引进一套发电设备，派人去日本验收产品。人员一踏上日本国土，便受到该企业的“热情接待”，一连几天设宴招待，安排游览。直到回国前三四天，才拿出一大摞日文资料，使人无法细细查对，只好先签订了合同，再带回国仔细研究。哪知货到之后，仔细一查，大部分零件都无法安装使用，才知道上了人家的“钩”，受了人家的骗。这种“拿钱买教训”的事，当前着实不少。

若明知自己得小利，给企业和国家会带来大损失，知“钩”而进，那就是另一种性质的问题了。

以“回扣”为“钩”，是当今许多商战中的常用手法。一个自称“外商代理人”的“吴老板”到处活动，说给外商代销通信器材，订货者，可给经办人 3% 的回扣，引得大批人上“钩”上当，拱手交出了数千万元。后来案发查明，这位“吴老板”手中竟无一部通信器材，也无任何货源。

吴老板以回扣为饵，“空手套白狼”满载而归，这个例子足以给很多容易上当的人敲响警钟。

在商品经济社会中，行奸诈骗者有之，上当受骗者更多，其中一条很重要的原因，就是遇事缺乏深思熟虑，轻信对手宣传，只见“饵”不见“钩”。

不少上当受骗的实例告诉我们：如果在此之前能做到不轻信，反复思考，谨慎行事，遇事多问几个为什么，真正地做到三思而行，相当多上当受骗的事例是完全可以避免的。

只要是在商品经济社会中，骗子什么时候都会存在，其行骗之术也会各式各样。因此，无论任何时候都应牢记：轻信是幼稚的表现，深思是成熟的标志。要力戒轻信，遇事要头脑清醒，三思而后行，就会少上当或不上当。

这个世界，怀疑一切太悲观，相信一切恐怕又过于不成熟了。有很多事，例如商情股市、产品质价，以及文化上的炒作宣传，等等，靠个人的智力判断不了，也左右不了。我们可能把握的，大约仅限于周围的人际关系。在学习倾听与观察的同时，切勿轻信。

不要轻信那些甜言蜜语的人。人最喜欢别人的夸奖，尽管有时做出拒绝奉承的姿态，可赞歌入耳，心里甜丝丝的，神经都会酥麻如触电。其实很多时候，某些人绞尽脑汁说出这些动听的话，有可能言过其实。

不要轻信那些喜欢许诺的人。各种各样的许愿、承诺、契约，司空见惯，如过眼云烟。做人讲“言必行，行必果”，轻易许诺不是稳重的表现，若实现不了容易误人误己。

拿出十二分的警惕来，假若你不想误食诱饵，有朝一日躺在人家砧板上任人鱼肉的话，就须谨慎、再谨慎一些，远远避开那些圈套和陷阱。

走过同样的路，未必就是同路人

《琵琶行》中白居易的一句“同是天涯沦落人，相逢何必曾相识”名动天下，仿佛他与琵琶女的情感在明白彼此境况相近的那一瞬间，一下子拉近了许多。这就是所谓的“共鸣”，那些曾经有过共同经历的人，更容易互相靠近，也更容易成为朋友。

人所共有的体验愈是特别，愈能让当事人拥有同伴意识。譬如“战友”这个词，对于某个时代或者某个特定环境的人而言，是会有他人所不能体会的特殊感情的，只要说一句“我也是某某部队的”，就可让初见面的对方倍加信任。又如许多人都认为同学的友谊是最真诚的，走出校门踏进社会之后，如果初次见面的人得知彼此是校友、学友，都会产生一种莫名其妙的亲切感，因为昔日美好的校园生活让人不能忘怀，因而认同了面前的人。

或许共同的经历可能产生共同的个性，却也并非绝对。毕竟，相同的人生经历不能证明一个人的品质。

刘成一曾当过兵，退伍后到一家外贸公司工作，凭着自己的勤奋好学，没过几年便成为业务骨干。后来，他辞职创办了一家公司，凭着自己的经验和战场上那种奋勇拼搏的精神，他在商场上证明了自己的价值，拥有几百万的固定资产。1995 年，刘成一的一个老客户（也是一家公司）要搞融资租赁，请求刘成一提供担保。刘成一做事严谨，对生意上的事一向以稳重著称，尽管是老客户，他也按照惯例审查该客户与租赁公司的合同以及该客户的营运状况，审查后觉得并没有什么把握，准备婉言回绝。

一天，该客户又派了公司的一名业务主管人员前来商讨此事。初次见面，两个人互相介绍，刘成一得知该人姓赵，赵某忽然说："我觉得你的名字很耳熟，你是不是某某部队的？"刘成一道出了自己曾在某部队当兵，赵某高兴地叫起来："哎呀，你是一班的，我是二班的，我说怎么觉得眼熟呢！"话题一发不可收，两人似乎又回到了那炮声隆隆、硝烟弥漫的战场，两人越谈越投机，俨然又恢复了当战士时的豪爽，于是刘成一请客，边吃边聊。

渐渐谈起担保的事，赵某向刘成一解释了一些他认为有疑问的地方，并保证该公司的信誉绝对没问题，资金只是暂时周转不过来，绝对不会连累对方的。刘成一正处在兴奋之中，对赵某的话深信不疑，也未做进一步核查，就在担保合同上签了字。其实，赵某所在的公司已经资不抵债，签订这个合同，就是为了骗刘成一公司的钱，根本无法追偿。

刘成一事后悔恨不已，一个"战友"毁了他十几年的苦心经营。

战友本是伟大而崇高的字眼，尤其是经过战火洗礼的战友之情非同一般，应该是始终不渝、终生难忘，是仁义道德的最高表现。不料，赵某竟利用这种战友之情，给刘成一下了套，毁掉了他长久以来的努力与付出，这种人怎能论友情？

法国批判现实主义作家巴尔扎克说："没有弄清对方的底细，绝不能掏出你的心来。"经历是财富，不同时段的经历造就不同的财富。即便是有过相同经历的人，也只是拥有某一种共同的财富而已，并不代表整个人生的财富相同。

无论眼前面对的是曾经与自己有过多少共同经历的人，毕竟那些共同的过去无法代表现在，也无法代表他的真诚，冷静客观地面对才不致稀里糊涂地沦为别人利用的工具。

第五章

所谓边界感，就是把握好社交的分寸感

学会尊重，私底下指出别人的缺点

每一个人都难免有缺点，并且可能在不同的场合表现出某种缺点来，破坏气氛。面对这种情况怎么办，是当场指出别人的缺点，还是先忍下，等到私底下再指出来？作为讨人喜欢的说话方式，私下指出应该是面对别人缺点采取行动的第一步。但有的人却常常要么容忍别人的缺点，要么就直接对外宣扬，让别人下不来台。这里的教训实在值得我们思考。

做人要拥有一颗宽容的心。“金无足赤，人无完人”，记得有位专家就说过，不要苛求别人的完美，宽容让你自己不断完美起来。在别人的某些缺点比较严重时，我们应该以私下谈心的方式委婉指出，急风暴雨不如和风细雨，当场训斥不如私下平心静气、施以爱心。只有我们拥有了一颗宽容的心，别人才能感受到老师的真诚，在我们指出他们缺点的时候才能心悦诚服地接受。

在朋友之间，指出缺点总是要担负点伤和气的风险，但作为朋友应该承担这种风险。风险有大有小，关键是用的方法适当与否。从小处说，就是在私底下指出别人缺点。人总是要讲点面子的，指出缺点更应该顾及对方的面子，说话尽可能婉转一些，尤其不要当众给朋友生硬“挑刺”。即使在私下场合指出缺点和错误，也应充分考虑如何让对方愉快接受，最好先聊聊其他事情，以便在沟通感情、融洽气氛的基础上再婉转地指出问题。

指出缺点更多时候是发生在角色地位并不平等的人之间，比如上司对下属，老师对学生。这些情况下可以公开指出缺点吗？当然不应该，照样应该维护下属和学生的面子。

当员工违背明确的规章制度时，当然应当众指出其过错，在让他认识到缺点错误的同时，也可对其他人起到警示作用。假若员工在工作上出现小小的失误，而且不是有意的行为，可在私下为其指出来，或以含蓄、暗示的方式使其意识到自己的缺点。这样既能维护他的面子，又能达到帮他改正缺点的目的。

要时常反问自己:“处理这件事最合乎人性的方法是什么？”当员工把事情弄糟了，有的领导者会把犯错误的员工当着其他员工甚至是这个员工的下属面前一通训斥。而人性化的领导者会在私下里跟员工谈心，指出员工的缺点，并且帮助他们找出适当的方法去做好事情，并且会肯定他们已经做得很好的部分，以免让这些员工丧失信心。

所以作为上司，假如说下属真的表现出了比较严重的缺点，一般应私下单独找他谈话，指出来，引导他今后如何正确处理类似的问题及注意事项，避免再犯同样的错误。只有这样，下属有问题才愿找上司反映或沟通谈心。这样一来，就在员工中树立了一个良好的形象。

作为老师，对学生的缺点也要有一些“春秋笔法”。

刘老师班上有个女生很优秀，一段时间看到别人比自己成绩好，心里有些不平衡。刘老师通过网上聊天工具和她聊天，直言不讳。这个女生很感激，情绪理顺了。对其他有缺点的学生，刘老师也尽量采取类似方法。一位教育专家这样评价刘老师：刘老师这样做是讲策略，育人工程最艰深，关键要用心！

有一次，刘老师经过教室，听到一位同学用粗话骂老师，他装着没听见，事后私下把那同学请到办公室，告诉他老师已经听到他说的那句话，但不想当着全班人来批评，是为了尊重他。听完老师的话他很诚恳地承认了并向老师道歉，后来变得很有礼貌了。试想，如果刘老师当时走进教室狠批一顿，不但自己下不了台，有可能换来学生更难听的粗话。

所以，尊重别人，在私底下指出其缺点，既是对别人的关爱，也会赢得别人对你的尊重。

宁可犯口误，不可犯口忌

现实生活中，言谈交际往往是一场没有硝烟的战争。谁掌握了语言的运用要领，谁就把握了战争中武器的运用要领。无数实践证明，语言策略中，宁可犯口误，也不可犯口忌。

康熙皇帝在年轻时励精图治，创下不少功业。但到了晚年，由于年纪渐长，于是产生了一个怪脾气——忌讳人家说老。如果有谁说老，他轻则不高兴，重则给对方治罪。所以，左右的臣子们都知道他这个心理，一般情况下都尽量回避说老。

有一次，见天气风和日丽，康熙便率领一群皇妃在后花园的湖中垂钓，不一会儿，钓竿一动，他连忙举起钓竿，只见钩上钓着一只老鳖，心中好不喜欢。谁知刚刚拉出水面，只听“扑通”一声，鳖却脱钩掉到水里又跑掉了。康熙长吁短叹连叫可惜，在康熙身旁陪同的皇后见状连忙安慰说：“看样子这是只老鳖，老得没牙了，所以衔不住钩子了。”

皇后话音还未落地，旁边一个年轻的妃子却忍不住大笑起来，而且一边笑一边不住地用眼睛看着康熙。康熙见了不由得龙颜大怒，他认为皇后是言者无心，而那妃子则是笑者有意，是含沙射影，笑他没有牙齿，老而无用了。于是将那妃子打入冷宫，终身不得复出。

年轻的妃子因为笑一笑而被打入冷宫，除了她自身的修为不够之外，很大一部分原因在于她不懂得言语运用的禁忌，触犯了皇帝的大忌。康熙由于上了年纪，体力和精力都有所下降，但又不肯承认这个现实，而且也希望他人在客观上否认这个现实，故而一旦有人涉及这个话题，他心理上就承受不了。虽然表面看来，是皇后说出那句话，是皇后触犯了大忌，但由于皇后与妃子同康熙的感情距离不同。皇后说的话，仔细推敲一下，有显义和隐义两种意义，显义是字面上的意义，因为康熙与皇后的感情距离较近，他产生的是积极联想，所以他只是从字面上去理解，知道皇后是一片好心的安慰，即便是有错，也不过是口误。妃子虽然没有说话，只是笑了一笑，但她是在皇后的基础上故意引申，是把那只逃掉了的老鳖比做皇上，是对皇上的鄙视，因而是大不敬。所以，同样的问题，同样的环境，由于不同的人物的不同理解便引出不同的结果来。正所谓“说者无心，听者有意”。

美国的保罗·魏里希提出了一种语言博弈中的策略型均衡，指在两种都会带来损失的策略中选择损失较小的那个，以达到一个相对的均衡。具体到上面这个故事，在犯错和犯忌这两个非优策略中，选择犯错而非犯忌显然可以达到一个策略型均衡。一般说来，人不怕犯错，最怕犯忌。犯错，可以说是“各人造业各人担”，是一种疏失，可以避免；犯忌则是自己招惹是非，无法补救。深谙策略型均衡智慧的人都明白，宁可犯错也不要犯忌。

人常说:“不打勤的不打懒的，专打不长眼的。”人生在世有很多忌讳，如果你在无意之中触犯了别人的忌讳，就会在无形之中得罪对方。所以在工作和生活中，与他人进行言语上的博弈时，一定要眼观六路、耳听八方，千万不要触犯了别人的忌讳。

掌握火候，说笑间得“笑果”

开玩笑是生活的调味品；开玩笑可以减轻疲劳，调节气氛，缩短朋友和同事之间的距离，彼此之间产生矛盾时，一句玩笑话可以化干戈为玉帛，消除积怨；开玩笑也可以用作善意的批评或拒绝某人的要求。

然而，开玩笑要把握尺度，掌握分寸。玩笑开得过火会给人一种被耍弄的感觉，弄不好会加深或引发与他人的矛盾，造成谈笑后只能吃“苦果”。因此，对开玩笑和诙谐，必须随时记住会有伤人的危险，要小心翼翼不能踏错一步，以免一步走错、全盘皆输，得不偿失。

一天，几个同事在办公室聊天，其中有一位胡小姐配了一副眼镜，于是拿出来让大家看看她戴眼镜好看不好看。大家不愿扫她的兴，都说很不错。这件事使老常想起一个笑话，他就立刻说出来：“有一个老小姐走进皮鞋店，试穿了好几双鞋子，当鞋店老板蹲下来替她量脚的尺寸时，这位老小姐——我们要知道她是近视眼，一看到店老板光秃秃的头，以为是她自己的膝盖露出来了，连忙用裙子将它盖住。她立刻听到一声闷叫，‘混蛋！’店老板叫道，‘保险丝又断了！’”

接着是一片哄笑声，孰料事后竟从未见到胡小姐戴过眼镜，而且碰到老常再也不和他打一声招呼。

胡小姐和老常之间发生如此大的变化，其中的原因不难明白。说者无心，听者有意，在老常来想不过是说起一则近视眼的笑话，然而，胡小姐则可能这样想：“你取笑我戴眼镜不要紧，还影射我是个老小姐。我老吗？我才26岁！”

所以，说笑话要先看看对哪些人说，先想想会不会引起别人误会。开玩笑之前，先要注意你所选择的对象是否能受得起你的玩笑。

一般来说，人可分为三类：第一种，狡黠聪明；第二种，敦厚诚实；第三种则介乎上面两者之间。对第一种人开玩笑，他是不会使你占便宜的，结果是旗鼓相当，不分高下。第二种敦厚诚实者，喜欢和大家一起笑，任你如何取笑他，他脾气绝好，不致动怒。对这两种人，你可以先看看对方当时的情形，能否可以开玩笑。而第三种人，你要小心。这种人一般也爱和别人笑在一起，但一经别人取笑时，既无立刻还击的聪明机智，又无接纳别人玩笑的度量，如果是男的则变成恼羞成怒、反目不悦，如果是女的就独自痛哭一顿，说是受人欺侮。

再者，开玩笑要有轻有重。“重”的玩笑多半是开不得的，它只能在比较特殊的场合才能开。若在一般场合开比较“重”的玩笑，可能就不再可笑了，甚至会变成悲剧。

据某报刊载：张某和几个朋友一起喝酒，几两酒下肚后，张某脑袋就有些昏昏沉沉了。两位朋友边喝边和他开玩笑：“瞧你这丑样，你那儿子倒很漂亮，莫不是你媳妇跟别人生的？”张某是个小心眼的人，平时也爱丢三落四，但此时在醉态中却牢牢记住了这句开玩笑的话。等张某跌跌撞撞回家后，就向妻子找碴：“你说！我长的是啥样，为什么这孩子却是那模样？到底是不是和我生的？”他边说边逼近妻子。突然，他冷不防从妻子怀里抓过孩子，拎着小腿，把孩子扔到炕上，又顺手抓起枕头压在了哭叫不已的孩子的脸上，可怜的孩子顿时没有了哭声。见此情景，妻子极力想救孩子，却被丈夫打倒在炉灶前。妻子急恨交加，顺手抓起炉灶旁边的炉钩，死命地甩向张某。只听张某“哎呀”一声，松开了枕头，慢慢地瘫倒在地上。妻子从地上爬起来，不顾一切地向儿子扑了过去。她急忙掀去枕头，儿子的小脸儿憋得青紫，已经奄奄一息了。再看丈夫，他倒伏在地上，一动不动，一股青紫色的液体顺着他的右腮淌下。原来她甩过去的炉钩的尖端，刚好嵌进张某的右边太阳穴，她见状吓得昏了过去。

一边是只剩下一口气的宝贝儿子，一边是一口气也没有的丈夫。顷刻间，好端端的一家人，家破人亡，毁于一旦。

看来，开玩笑之前，我们务必要考虑这个玩笑带来的后果。

具体来讲，开玩笑需要把握的分寸主要包括以下4个方面：

一是和长辈、晚辈开玩笑忌轻佻放肆，特别应忌谈男女情事。几辈同堂时的玩笑要高雅、机智、幽默、解颐助兴、乐在其中。在这种场合，忌谈男女风流韵事。当同辈人开这方面玩笑时，自己以长辈或晚辈身份在场时，最好不要掺言，只若无其事地旁听就是。

二是和非血缘关系的异性单独相处时忌开玩笑（夫妻自然除外），哪怕是开正经的玩笑，也往往会引起对方反感，或者会引起旁人的猜测非议。要注意保持适当的距离。当然，也不能拘谨别扭。

三是和残疾人开玩笑，注意避讳。人人都怕别人用自己的短处开玩笑，残疾人尤其如此。

四是朋友陪客时，忌和朋友开玩笑。人家已有共同的话题，已经形成和谐融洽的气氛，如果你突然介入与之玩笑，转移人家的注意力，打断人家的话题，破坏谈话的雅兴，朋友会认为你扫他面子。

此外，开玩笑的时候，如果你说了伤人的话，一定要诚心诚意道歉，不能就此放任不管。

放枚“糖衣炮弹”，批评奏效不伤人

为人父母的朋友都知道，小孩很怕苦，所以吃药片的时候，加点糖水一起送入孩子口中，他们便会愿意服用。

与之类似，我们在批评别人时，直话直说很容易激起对方的愤恨。如果我们给自己的批评语言裹上一层“糖衣”，那么对方就会在享受甜蜜的同时欣然接受批评了。

战国时，晏婴是齐国一位善谏的大臣。齐景公的一匹心爱的马突然死去，齐景公非常伤心，一定要杀掉马夫以解心头之恨。众位大臣一起劝阻齐景公不可为一匹马而滥动刑罚，而齐景公却已铁定了心，众人的劝告一概充耳不闻。

这时，相国晏婴走了出来，众臣都以为晏婴也有劝诫齐景公的意思，谁也没有料到，晏婴却明确地表态说：“这个可恶的马夫，该杀！”

齐景公十分高兴，就把那个心含冤屈的马夫喊来，听晏婴解释他的罪过。

晏婴历数马夫的3大罪状：“你不认真饲马，让马突然死去，这是第一条死罪；你让马突然死去，却又惹恼君主，使君主不得不处死你，这是第二条死罪。”

听晏婴痛说马夫的前两条死罪，齐景公心中真是乐滋滋的。可晏婴话锋一转，说出了马夫的第三条罪状：“你触怒国君因一匹马杀死你，使天下人知道我们的国君爱马胜于爱人。因此天下人都会看不起我们的国君，这更是死罪中的死罪，罪不可赦！”

听晏婴诉说马夫的第三条罪状，齐景公开始还连连点头咧着嘴笑。当晏婴说到“使天下人知道我们国君爱马胜过爱人”时，他张开的嘴却定在那里，脸上的表情也一阵红一阵白。晏婴又吆喝一声：“来人，按大王的意思还不推出去斩了！”这时齐景公如梦初醒，赶紧对晏婴说道：“相国息怒，寡人知错了。”

晏婴没有正面批评齐景公，却达到了劝谏救人的目的。可见，“裹着糖衣”的委婉批评会取得很好的效果。在这样的场合中，一方面，该说的话不能不说，根本利益不能牺牲，原则不可放弃；但另一方面，关系又不可弄僵，彼此的面子与和气不能伤害。所以，这就需要首先承认对方的实力、地位、权威，甚至他的道理，然后突然插入你的话锋，你的话虽委婉动听，但实际上却是对对手彻底的否定。

晏婴死了17年后，齐景公有一次请大夫们喝酒。景公射箭射到了靶子外面，满屋子的人却众口一词地称赞他。景公听后变了脸色，并叹了口气，把弓丢在一旁。

这时，弦章进来了。景公说：“弦章，自从我失去晏婴到现在已经有17

年了，从来没有听到别人对我过失的批评。今天我射箭射到了靶子外，他们却众口一词赞美我。”

弦章说：“这是那些大臣不好。他们本身素质不高，所以看不到国君哪些地方不好；他们勇气不够，所以不敢冒犯国君的尊严。但是，您应该注意一点，我听说：‘国君喜欢的衣服，那么大臣就会拿来替他穿上；国君喜欢的食物，大臣就会送给他吃。’像尺蠖这种虫子，吃了黄颜色的东西，它的身体就要变黄，吃了绿颜色的东西，它的身体就要变绿，作为国君，大概总会有人说奉承话吧！”

弦章的话在景公听来颇有道理，明白了奉承者不过是投自己所好，如果自己对奉承话深恶痛绝的话，就很少会有人来自讨苦吃了。弦章虽未直接批评景公喜欢听奉承话才造成如此局面，但通过以尺蠖为喻，以正常推理“作为国君，大概总会有人说奉承话吧！”为宽慰，使景公已深刻领悟到了这一点。事实上，若弦章再画蛇添足地批评景公一番，效果反而不好。

总之，批评他人之时，如果语气委婉，被批评者就会容易接受。因为对方认为你的委婉是给了自己“面子”，感激之余，就会积极地改正。反之，如果批评者语气生硬，对方就会认为你伤了他的“自尊”，从而心生反感，这样就不会达到批评、教育人的目的。

别拿滑稽当幽默，小心惹人更害己

很多研究表明，在言谈中运用幽默是有益处的。最重要的一点是大部分人往往都喜欢具有幽默感的说话者，也许他们不会自动将你的话视为真理，但是他们会更乐意接受你所传达的信息。

社会学研究表明：人们对于融入笑话或者逸事中的信息的记忆时间要长于对于纯粹信息的记忆时间。许多演说家追求的理想境界是将观点融入一个笑话中，当听众记住这个笑话并将它讲给别人听时，他们会很自然地记住其中的观点。

无论你是一个初次登台演说者，还是一个经常喜欢与人调侃的人，你都应当试着培养自己像演说家那样带着幽默性去交流。即使你内心庄严得像《百科全书》一样，但当你在他人面前要讲话的时候，尤其是需要拉近与对方距离的时候，都应努力把幽默融入你的言语，这样会更加引起人家的兴趣。

遗憾的是，很多人把滑稽与幽默混为一谈，而实质上两者是大不相同的。滑稽是一些笑话或有趣的动作等，而幽默是一种更高层次的智慧积淀。那些从小生长并工作在马戏团、喜剧俱乐部或者议会的人具有滑稽的天赋。但是我们都知道，一个具有幽默感的人甚至可能不会讲笑话。他不会使你开怀大笑，但是能让你感到气氛很友好，博得你的浅浅一笑。这恰好是你在演讲中应努力达到的境界。你要学会在演讲中运用幽默感，而不是用笑话展现自己滑稽的一面。

你听说过哪一个风趣的健谈者以一个毫无意义的笑话开始他的演讲?如果某个演讲者在演讲开始讲一个毫无意义、毫不相关的笑话，听众会有什么反应呢……可能某个笑话很滑稽，会博得你开怀一笑，可事实上，这个笑话也只是分散一下你的注意力。因为它对双方交流毫无实质性的帮助，只是在浪费时间。

无聊的滑稽之谈，还可能造成另一种糟糕的情况，就是听者对说者讲的笑话没有反应，这称作笑话的“炸弹效应”。听者明白说者的意图，试图展现滑稽的一面，但是没有丝毫的回应，这时说者会在一片寂静中感到很紧张，听者自己也会感受到当场那种紧张的气氛。在这种情况下，说者就陷入笑话“炸弹效应”的尴尬境地中了，而且很难摆脱。

语言交流中，幽默是一种十分微妙的事。一个故事的趣味，很少含在故事的本身里，之所以能够成为有趣，完全得看讲故事的人是怎样的讲法。一百个人同讲一个幽默的故事，有九十九个人是要失败的。如果你确知你是一个具有幽默天才的人，你就应该努力培养你的这份天才，使你无论到什么地方，都备受欢迎。但是，如果你的天才不在这方面，那么，你硬要去学幽默，真是“东施效颦”、愚不可及了。

正如聪明的演说家们，从不会为了只想幽默而讲一则故事。幽默犹如糕饼上的糖霜，而不是饼本身，只能巧妙地穿插一些在语言里面。例如，驰名美国的幽默演说家利兰，给自己定上一个戒条，在开始演说后的三分钟内，绝不讲述故事，这个戒条，也值得我们效法。

还要强调的是，使用伤害性的幽默也属假作幽默之列。有的人为了表现幽默，不惜使用一些令人反感的言辞，以牺牲感情为代价，结果只会适得其反。幽默本来应该是演讲者与听众之间的桥梁，然而在此却变成了一种伤害，这不能算作真正的幽默。

同时，语言交流应该尽量避免有关个人性别和种族的笑话，这是一个基本常识。因为能够起控制作用的不是说者的想法，而是听者的感受。

假如你正在听笑话，并且你是爱尔兰籍的，笑话正是有关爱尔兰人的，你的感觉如何？专家们建议不要使用这种话题的笑话，但是有些人还是要冒险使用。请你牢记一点，你是想利用幽默交友，而不是树敌。同时，很多人认为种族和性别问题是很令人反感的，其实有关艾滋病的笑话也同样令人反感。

还有，你听过某些人使用“男女混合公司”这个短语吗？说话方可能是这么说的：“我知道一个笑话，但是我不能在男女混合的公司里讲。”应避免说这个短语，因为它的使用要考虑听众的性别。如果公司中只有男性职员，演讲者可以讲这个笑话，因为它只会冒犯女性而不会使男性职员反感。很多女性都反感黄色幽默。所以辞典中将“男女混合公司”定义为具有高雅品位和低俗品位的人的混合。通常听众不全是由低俗的人组成的，如果你总是在男女混合公司里讲黄色笑话，肯定会冒犯听众的。

那么，难道语言交流的开头，应该严肃得像一只巨象般呆笨吗？不，你不妨在开头先引用几句名演说家说过的话，或是谈一些涉及当时的事情使大家发笑或是故意夸大地批评一些矛盾的事。这样的幽默，比引用那些引人发笑的故事，有更多的成功机会。

引人发笑的最简便的方法，是讲一些关于你本人可笑的事件，把自己说得十分可笑，而又装得好像有些发窘，那么听者的心理，恰如见到一个人被果皮滑了一跤，或一个人正在拼命追赶他那被风吹去的帽子一般，觉得十分好笑。但是，你万万不可拿无聊或伤人的滑稽当幽默。

反驳也要给别人留面子

1961 年 6 月，英国退役陆军元帅蒙哥马利访问中国。一次在河南洛阳参观，他好奇地走进一家剧院，剧院正在上演豫剧《穆桂英挂帅》。当他了解该剧的剧情后，连连摇头，说："这个戏不好，怎么能让女人当元帅？"于是，他和中方陪同人员发生了一个小小的争论。开始时，中方陪同人员解释说："这是中国的民间传奇故事，人们很爱看。"

蒙哥马利立即断言："爱看女人当元帅的男人不是真正的男人，爱看女人当元帅的女人也不是真正的女人。"

中方陪同人员不服气地说："我们主张男女平等，男同志能办到的事，女同志也能办到。中国红军里就有很多女战士，现在的解放军里还有位女少将呢！"

蒙哥马利毫不退让："我一向对红军、解放军很敬佩，但不知道解放军里还有一位女少将。如果真的是这样，会有损解放军声誉的。"

中方陪同人员反驳说：“英国女王也是女的。按照英国的政治体制，女王是英国的国家元首和全国武装部队的总司令，这会不会有损英国军队的声誉呢？”

蒙哥马利突然语塞，无话可说了。显然，他对这个争论的结局，感到有些难堪，心中的不悦之感是可想而知的。

在社交中，谁都可能不小心弄出点小失误，比如念了错别字，讲了外行话，记错了对方的姓名职务，礼节有些失当，等等。懂得说话的人如发现对方出现这类情况时，只要是无关大局，就不会对此大加张扬，故意搞得人人皆知，使本来已被忽视了的小过失，一下变得显眼起来。更不会抱着讥讽的态度，以为“这回可抓住笑柄了”，来个小题大做，拿人家的失误在众人面前取乐。因为这样不仅会使对方难堪，伤害其自尊心，惹其反感或报复，而且也不利于自己的社交形象，容易使别人在今后的交往中敬而远之，产生戒心。

迁怒是不负责任者的行为

不迁怒出自孔子对其弟子颜回的评价。有一次，哀公问：“弟子孰为好学？”子对曰：“有颜回者好学，不迁怒，不贰过。不幸短命死矣，今也则亡，未闻有好学者也。”值得我们注意的是，孔子说颜回好学，并没有说他学习的成果，而是“不迁怒，不贰过”，既不迁怒别人，也不两次犯同样的错误，在我们看来原本是品德上的问题，孔子把它归为好学的标准，其实，在古代，德育也是人们需要学习的主要内容。不迁怒，这也是今天我们每个人都应好好学习的品质，它是一个人成熟与否的标志之一，是成大事者获得人心必备的修养，是家庭幸福、朋友和谐相处的必要条件。

“人有悲欢离合，月有阴晴圆缺，此事古难全。”生活中总免不了磕磕绊绊，不顺心的时候，很多人就会不自觉地迁怒于他人，自己受气或不如意时拿别人出气。倘若某个同伴有些缺点这时暴露出来，就更可能成被迁怒的对象。你可知道同伴是你朝夕相处、陪你欢乐悲伤的人，你们一路并进、一起承担，甚至利害攸关。你可知道，身为家人、朋友、同事，谁都有责任为对方分忧解难，无怨相伴，但无论自己的境况如何，我们都不应该迁怒于对方。迁怒，是用害别人为自己找出口，是对自身的逃避，是对别人的苛责，是无自制不成熟的表现；迁怒，是阻碍成长的绊脚石，是冲动魔鬼的助手，却永远不会为你赢得摆脱不顺心的方法。

有这样一则寓言：

一只狐狸在跨越篱笆时，不小心被篱笆上的蔷薇的刺扎伤了，流了许多血。受伤的狐狸见到自己流血了，就非常生气，埋怨蔷薇说：我本是翻篱笆墙，你为何要刺伤我？蔷薇回答道：狐狸！我的本性就带刺，是你自己不小心，才被我刺到的啊！怎么会反过来埋怨我呢？

在现实生活中，有很多类似于狐狸这样的人，遭遇挫折时不反躬自省，反而责怪或迁怒别人，他们抱怨老板太苛刻，抱怨公交车太挤，抱怨菜市场上的秩序太乱，同伴在场时就开始迁怒，他们迁怒于家人，迁怒于同事，迁怒于朋友，甚至连孩子都成了他们迁怒的对象。

仔细分析一下经常迁怒的人，你会发现他们很少躬身自省，一出现不顺心的事时就想从别人身上找缺点，从而发泄自己的情绪。其实，除了让自己显得更无修养，是无济于事的，倒不如躬身自省，也好“不贰过”。

不要迁怒于你的同伴了，作为朝夕相处的同伴，因为彼此很了解，缺点自然也很了解，然而，金无足赤，人无完人，你的迁怒，只会给同伴留下被否定的阴影。聪明的人，不会拿同伴来发泄自己情绪，他们会以他人为镜提醒自己改正缺点。

别人的隐私，可以听但不可以说

每个人都有自己不想让人知道的小秘密，即所谓的隐私。有些人喜欢把它夹在日记本里永远珍藏，有些人喜欢把它密封在小盒子里永远封印，有些人喜欢把它深埋心底只有自己可以回味……

既然隐私有其“隐”的一面，我们在与他人相互闲聊或调侃时，哪怕感情再好，也不要把他人的隐私公布于众，更不能拿来当作笑料。正如那句老话，“祸从口出”，为人处世一定要把好口风，什么话能说，什么话不能说；什么话可信，什么话不可信，都要在脑子里多绕几个弯子，心里要有分寸。你知道了哪些人的机密？这些机密是不是应该保住？如果他们是一些对个人隐私极度保护、敏感万分的人，万一传出去，结果会怎么样？

钱云和妻子结婚才半年就生了一个小孩，同事们纷纷赶来道喜，陆路也来了。他拿来了自己的礼物——字典，钱云先谢过了他，但带着迷惑的眼神问：“你给这么小的孩子赠送字典，太早了吧？”

“不，您的小孩儿太性急。本该四个月后才出生，可他偏偏现在就蹦出来了，再过半年，他肯定会去上学，所以我才给准备了字典。”

陆路才说完，全场哄然大笑，钱云夫妇却显得有点儿不高兴。

陆路一句话明显就把他们未婚先孕的隐私给捅了出来，本来不想让人知道的事一下传播开了，这样令大家都处于尴尬的局面。

钱云是一个自尊心很强的人，很少和人聊天，上班期间就专注于工作，别人对他也不是很了解，觉得他属于沉默寡言的一类。这样一个人自然也不喜欢外漏隐私，不想让别人知道太多自己的事情，用他的话说：“像把自己脱光了站在大街上给人看。”

经过这事，他们夫妇就再也没有和陆路来往过，见了面都装作没看见。

可见，调侃时如果说出了他人的隐私，有时即使言者无意，但听者却有心。他会认为你是有意跟他过不去，从此对你恨之入骨。他做的事别有用心，极力掩饰不使人知，如果被你知道了，必然对你不利。如果你与对方非常熟悉，绝对不能向他保证你绝不泄密，那将会自找麻烦。最好的办法是假装不知，若无其事。

遇到朋友谈论其自身或他人隐私的时候，若是迫于情境需要，如朋友的刻意诉苦等，你可以选择听，但最好不插言，一听而过。要知道，听完别人的隐私，把住口风是责任。大多数人把隐私看得很重，认为隐私承载了他众多不为人知的秘密，绝对不能被传开，成为人们茶余饭后的谈资。一旦他知道你说出了他的隐私，那么麻烦就大了，所以最好把别人的隐私锁在舌头上，严把口风。

当然，若不是迫于情境的需要，朋友谈论其自身或他人隐私的话题时，你最好装作什么也没听见，远远躲开。来说是非者，必是是非人。对于这样的人我们最好敬而远之。

说出来的永远少于需要说的

不知道你是否有这样的感触：当你想用言辞来给人们留下深刻印象的时候，你说得越多，在别人眼里就越是平淡无奇，你所能控制的也就越少。

这是因为，你说得越多，说出愚蠢的话的可能性也就越大。很多时候，如果你能把话说得隐晦一点，神秘一点，多给人留一点遐想，那么即使你是老调重弹，别人也会觉得你的见解独到。正如那些有权力的人，总是说得很少，他们给人的印象却很深刻，而且总是能威慑到别人。

提起“刘罗锅”——刘墉，人们脑海里立刻出现了一个聪明机智、正直勇敢、不失几分幽默的人物形象。他凭着自己的正直和聪明周旋于危机重重的封建官场。但很少有人知道，刘墉也曾遭遇重大挫折，受到乾隆皇帝的申斥，本该获授的大学士一职也旁落他人。究其原因，不过是刘墉守口不密，说话不周，酿成了祸患。一次乾隆谈到一位老臣去留的问题，说若老臣要求退休回籍，乾隆也不忍心不答应。刘墉便将这话泄露给了老臣，而老臣真的面圣请辞。乾隆大为恼火，认为这是刘墉觊觎补授大学士的明证，是“谋官”的明证，因而训斥他一通，将大学士一职改授他人。

足见言语谨慎对于一个人立身、处世具有很重要的意义。处世戒多言，多言必失。与世人相处切忌多说话，说话太多必然有失误。说话犯了随便胡扯的毛病就会听起来荒诞不经；说话犯了烦琐啰唆的毛病就会使人感到支离破碎，不得要领。说话不小心会招致祸患，行动不谨慎会招来侮辱，君子处世应当谨慎。

武则天《臣轨·慎密》中有言：嘴巴好比一道关卡，舌头好比射箭的弩机。一句不妥，驷马难追。嘴巴和舌头犹如一柄“双刃剑”，一句话说得不恰当，就会反过来伤害到自己。因为话虽然是自己说的，别人既然听到了，你就无法阻止别人去传播，由此所带来的影响你根本没办法控制。刘墉由于说话不慎，而将到手的大学士一职丢了，就是最好的明证。

“言多语失”，说话应谨慎，舍弃那些不可说的话，即使是可以说的话也应该按需要的程度，能省则省。要知道，虽然有时你说话并无恶意，但对听者而言，却可能伤及他的自尊心。

诸多事实证明，话说得得体，则让人高兴；反之，只会让人伤心。就是同样意思的话，出自两个不同身份的人，听起来也有区别。你自己信口开河，根本意识不到会伤害人，但别人却认为你是有意的，如俗话所说“口乃心之门”，你明显是故意伤害他。很多不爱多说话的人，他内心并不是糊涂得无话可说，而是他明白话说多了鲜有不败事的道理。

在日常生活中，一个人如果光说不做，久而久之，只会让人生厌。多说话比起多做事往往给人以夸夸其谈的印象，倒不如少说话，踏踏实实地多做实事则让人感觉勤奋踏实，值得信任。一个人只有做行动上的巨人，少言多思，才能取得成就。

司马迁作为一代伟大的历史学家，他在《史记》中对汉代名将李广有一段深刻的评价，大意如下：《论语》上说过位居于上的人行为端正，不发命令，下属也会效法他的行为去做；位居于上的人行为不端正，即使下了命令，也不会有人遵照去做。这说的就是李广将军这类人。我见过李广将军，他诚信忠厚，简单得像个乡下人，不善于谈吐。可是当他去世的时候，天下无论是认识或不认识他的人，都因为他的死而哀痛不已。这是他忠诚笃实的品质取得了人们对他的依赖的缘故！

不要在别人的伤口上撒盐

别人有点错误，别揪住不放；如果牙尖嘴利地在别人伤口上撒盐，最后吃不了兜着走的可能是你。

忌讳犹如永不结疤的伤痕，轻轻一碰，也会痛在深处。与人交往赞美人本应算好事，但若口无遮拦，犯了忌讳，好事也会变成坏事，这也正是“有人一句话把人说笑，有人一句话把人说跳”的差别的原因。即使赞美者和受赞者关系十分密切，也要注意，不能一时兴起就不管“三七二十一”了。

黄经理和沙经理很要好，志趣相投，嬉笑怒骂无所不说，私下里也没有保留的余地，甚至对方的忌讳也是酒后茶余的谈资。

在一次宴会上，黄经理有点儿喝多了，为了表达对沙经理曲折经历和能力的敬佩，他举起酒杯说：“我提议我们大家共同为沙经理的成功干杯！总结沙经理的曲折历程，我得出一个结论：凡是成大事的人，必须具备三证！”

接着黄经理提了提嗓门说道：“一是大学毕业证；二是监狱释放证；第三是老婆离婚证！”

话音刚落，众人哗然，沙经理硬着头皮，脸色铁青喝下了那杯苦涩的酒。这“三证”中的两证无疑是沙经理的忌讳，他不想让更多的人知道，也不想让人们议论，但黄经理与他太好、太熟、太没有界限了。

这则故事就警示我们，在称赞与自己关系很好的人时，如果是当着其他人的面，千万不要冒犯他的忌讳，毕竟我们每个人都不愿意提那些不愉快的事情。

但是有的人口齿伶俐，在交际场上口若悬河、滔滔不绝，假若口无遮拦，说错了话，说漏了嘴，也是很难补救的。故说话应讲究“忌口”。否则，若因言行不慎而让别人下不了台，或把事情搞糟，是不礼貌的，也是不明智的。

在与人交谈时必须注意以下几点：

1. 不要当众揭对方的隐私和错处。谁都不愿把自己的错处或隐私在公众面前“曝光”，一旦被人曝光，就会感到难堪而恼怒，甚至会迁怒于人。因此在交往中，如果不是为了某种特殊需要，一般应尽量避免接触这些敏感区，以免使对方当众出丑。必要时可采用委婉的话暗示你已知道他的错处或隐私，让他感到有压力而不得不改正。知趣的、会权衡的人只需“点到为止”，一般是会顾全自己的脸面而悄悄收场的。当面揭短，对方说不定会恼羞成怒，或者干脆耍赖，出现很难堪的局面。至于一些纯属隐私、非原则性的错处，最好的办法是装聋作哑，权当作不知道，千万别去追究。

2. 不要故意渲染和张扬对方的失误。在交际场上，人们难免碰到这类情况：讲了一句外行话，念错了一个字，搞错了一个人的名字，被人抢白了两句等这种情况，对方本已十分尴尬，生怕更多的人知道。作为知情者，一般说来，只要这种失误无关大局，你就不必大加张扬，故意搞得人人皆知，更不要抱着幸灾乐祸的态度，以为“这下可抓住你的笑柄啦”，来个小题大做，拿人家的失误来做笑料，显示你的聪明。因为这样做不仅对你无益，而且还会伤害对方的自尊心，你将在无心当中结下怨敌。同时，也有损于你自己的社交形象，人们会认为你是个刻薄饶舌的人，会对你反感、有戒心，因而敬而远之。所以渲染他人的失误，实在是一件损人而又不利己的事。

3. 要给人留余地。在社交中，有时遇到一些竞争性的文体活动，比如下棋、乒乓球赛等。尽管只是一些娱乐性活动，但人的竞争心理总是希望成为胜利者。一些“棋迷”“球迷”就更是如此。有经验的社交者，即使在自己取胜把握比较大的情况下，往往也不把对方搞得太惨，而是适当地给对方留点儿面子，让他也胜一两局。尤其在对方是老人、长辈的情况下，你若图一时之快，穷追不舍，让他狼狈不堪，有时还可能引起意想不到的后果，让你无法收拾。

其实，只要不是正式比赛，作为交流感情、增进友谊的文体活动，又何必酿成不愉快的局面呢。在其他事情上也一样，集体活动中，你固然多才多艺，但也要给别人一点儿表现自己的机会。“一言堂”“独风流”是不利于社交的。这样只能让你自己与别人隔绝开来，失去很多朋友，这又何必呢？

一句随意的笑话也可能让你置身险境

笑话好讲，又好听，但如果被有心的人抓住，就会变成刺向你的利剑。

刚刚大学毕业的可尼，听从父母的意见，应聘到一家银行做出纳，可尼的顶头上司是可尼大学里的“师哥”，按说可尼应该得到“师哥”的关照。

的确，刚开始“师哥”对她很客气，一点架子也没有。虽然那时候的可尼已在刊物上发表了点文章，稿费常比工资还要高，但她根本没有想过去改变自己的命运，走那条她感兴趣的路。可尼想，自己有一份稳定的工作，其实就已足够了，可命运偏不这样安排。

那是个星期天，“师哥”临时通知可尼和几个同事加班。他们收了一家单位的大笔存款，忙得中午饭只吃了个半饱，而作为领导的“师哥”直到下班才来看望他们。这时可尼和几个同事都快累趴下了。看到“师哥”笑眯眯的样子，显而易见上司心情不错，于是可尼开玩笑地说：“上司啊，瞧我们都累成这样了，加班费可不要忘了。”

第二天，可尼被叫入行长室，一听上司召见，可尼的心里就特别紧张。她战战兢兢来到行长室，行长和可尼的“师哥”都板着脸，冷冷地望着可尼。

行长是个精明的中年女人，一说话就带着官腔：“听说你索要加班费？加班就了不起啊！什么工作态度！”一句话顿时把可尼打入冰窟窿，她万万没有想到，一句玩笑话就被上纲上线，她瞅了眼师兄，他的眼神是那么冷漠，好像可尼是个“偷窃犯”一样。

接下来，行长狠狠地训斥了可尼一顿，她甚至把可尼说成“太贪婪了”。而且可尼的“师哥”也增加了一句，他说可尼经常给报社写稿子，这是不安心本职工作的表现。行长最后警告可尼说：“别忘了，今天工作不努力，明天努力找工作。”

同情她的同事后来悄悄地告诉她，可尼的“师哥”早就担心可尼抢他的位置，因为可尼不仅有学历，又比他多了写作能力。可尼后悔地说：“他是只‘笑面虎’，我怎么就没发现呢。”

可尼就这样“栽”在了“师哥”的手里。

不论是新同事还是老同事，如果他心术不正也会成为我们工作中的障碍，要想排除障碍，必须事先准备好沟通和交流的应对方法。那么，我们有什么应对方法呢?

刚到一个单位工作，人际关系不可能一步到位，尤其是上司，那就更难了。因为工作很忙，更无法同上级沟通交流。如何在新的环境中同上级和同事做好交流和沟通，是我们在新的环境中顺利工作的首要问题。

(1) 主动接触。在新的环境中，见面的往往是些陌生的人，主动与这些人打招呼是出于礼貌，也是打开交流新局面的开始。如果早晨上班时间一声“大家早上好”“吃过早点没有”等一些寒暄之语，对以后更进一步的沟通和交流更为有效。当然这与“巴结”是两码事。

(2) 态度端正。不论是上级还是下级或同事，必须得端正态度，对他们都要做到礼貌，谦逊，但注意绝不要采取“低三下四”的态度，绝大部分领导是不喜欢一味地阿谀奉承、随声附和的人，也不会对你委以重任的。

(3) 了解他们的个性。在沟通和交流中了解他们的个性，适应他们的生活工作以及谈话的习惯，有爱说的，有沉默寡言的，不同的个性用不同的语言与他们沟通，有助于你交际水平的提高。

为了活跃气氛，讲些笑话或幽默故事是可以的，但是在你未全面了解他们之前，最好不要跟他们开玩笑，更不要开过分的玩笑，比如:“经理，都超过半个月了，是不是钱让太太搜走啦。”经理肯定会不高兴，他认为你伤害了他的自尊心。

在工作中，不要用要“小聪明”来吸引上司的注意力，这样才不至于会被部分同事认为你是在要手段，从而引起他们对你的反感，要用超群不凡的才华去征服他们，让他们说出某某人真的很能干，这才是你的最终目的。

聪明的上司是不相信小人之言的，但也不能完全排除，有的上司耳朵软，经不起风吹草动，听信了小人的谗言。但是，不要怕那些流言蜚语、造谣中伤的人，用铁的事实同他“上殿面君，当堂对证”，不要让小人得逞。

在工作、学习、生活中，都会碰到这样或那样的障碍物，如何排除呢？你不妨运用以上几种方法去应对你沟通交流中的障碍，对你会有很大帮助的。

口不择言闯大祸

几乎人人都知道这样一句话：“口不择言闯大祸。”没错，与别人谈话时，必须讲究方圆曲直，该说的说，不该说的就不要出口，否则口无遮拦，很容易让自己陷入危险境地。

纪晓岚中进士后，当了侍读学士，陪伴乾隆皇帝读书。

一天，纪晓岚起得很早，从长安门进宫，等了很久，还不见皇上到来，他就对同来侍读的人开玩笑说：“老头儿怎么还不来？”

话音刚落，只见乾隆已到了跟前。因为他今天没有带随从人员，又是穿着便服，所以没有引起大家的注意。皇上听见了纪晓岚的话，很不高兴，就大声质问：“‘老头儿’三字作何解释？”

旁边的人见此情景都吓了一身冷汗。纪晓岚也吃了一惊，说这话本无其他恶意，但却被皇上听到了，且还当着众臣的面。纪晓岚突然灵机一动，战战兢兢地说：“万寿无疆叫作‘老’，顶天立地叫作‘头’，父天母地叫作‘儿’。”

乾隆听了这个恭维自己的解释，才转怒为喜，不再追究了。纪晓岚这才把提到嗓子眼的心收了下来。

虽然这只是个民间传说，我们不需要去考证它的真实性。但它给我们带来一个启发：即使你是铁嘴银牙，说话也不可口无遮拦。

在与他人言谈的过程中，我们要恰当地回避他人忌讳的东西，这样才能使彼此交流融洽。就拿最常见的朋友聚会来说，大家不免要开开玩笑，使气氛更加欢愉，是一种乐趣。然而，如果你把不该说的话说了，如揭了朋友的伤疤等，就很容易使气氛骤变，尤其是有朋友携好友或恋人都在场的时候，情况会更糟。

小张长得高大魁梧，在大学校园内有"恋爱专家"的雅号。如今他是一家外资公司的高级职员。英俊的长相和丰厚的薪水使他在众多的女友中选上了貌若天仙的小丽。也许是为了炫耀自己的能耐，小张带着小丽去参加朋友聚会。

就在大家天南海北闲谈的时候，同学老王无意转了话题，谈起了大学校园罗曼蒂克的爱情故事，故事的主人公自然是"恋爱专家"小张。老王眉飞色舞地讲述小张如何引得众多女生趋之若鹜，又如何在花前月下与女生卿卿我我。小丽先还觉得新奇，但越听越不是味，终于拂袖而去。小张只好撇下朋友去追小丽。

故事中，老王并不是有意要透露小张的隐私，而他口无遮拦地追忆往事确实是使小丽耳不忍闻，无端造出了乱子。这不仅使小张要费不少周折去挽回即将失去的爱情，而且使在场的人心里也不愉快。

可见，无论在什么场合，什么情况下都要把握说话分寸，尽量做到该说的说，不该说的就不说，这样才能创造一个和谐的氛围。

用模糊语言说尖锐的话

对于一些话题比较尖锐的事情，最好使用模糊语言，给对方一个模糊的意见，或者多用一些"好像""可能""看来""大概"之类的词语，显得留有余地，语气委婉一些。

例如，当学生在课堂上回答不出问题时，作为老师一般不应这样训斥学生："你怎么搞的？昨天你肯定没复习！"而应当用模糊委婉的语言表达批评的意思："看来你好像没有认真复习，是不是？还是因为有点儿紧张，不知道该怎么说呢？"而且应当进一步提出希望和要求："希望你及时复习，抓住问题的要领，争取下次作出圆满的回答，行不行？"这样给了学生面子，也能达到好的效果。

在一些交流场合，尤其是在一些比较正式的场合，经常可以碰到一些涉及尖锐问题的提问，这些提问不能直接、具体地回答，又不能不回答。这时候，说话者就可以巧妙地用模糊语言表达自己的意见，让当事双方都不感到太难堪。

一个年轻男士陪着他刚刚怀孕的妻子和他的丈母娘在湖上划船。丈母娘有意试探小伙子，就问道："如果我和你老婆不小心一起落到水里，你打算先救哪个呢？"这是一个老问题，也是一个两难选择的问题，回答先救哪一个都不妥当。年轻男士稍加思索后回答道："我先救妈妈。"母女俩一听哈哈大笑，脸上都露出了满意的笑容。"妈妈"这个词一语双关，使人皆大欢喜。

我们在听政府发言人谈话，或者看一些文件、公报的时候，常常觉得平淡无味。其实这些语言往往蕴含着非常尖锐的意思，只是用了一些模糊化的词语，让它显得"平淡"了一些而已。比如外交部发言人谈话中提到"宾主双方进行了坦率的会谈"，这里"坦率"的背后意思就是有很多争议，意见分歧非常大；再比如"应当促进双方的交流"，意思就是双方的共识太少，彼此之间有比较深的成见。这些模糊化的语言既达到了说明问题的目的，又起到了淡化矛盾的作用。

第六章 职场中不可逾越的隐形红线——边界感

别天真，老板不是朋友

在公司里永远要记住一条准则，老板永远是对的，因为老板会给你发展才能的平台，给你薪水，给你展现才华的机会。老板永远都是老板，他时刻影响着你。

老板与员工的关系在某种层面上永远是不平等的，就像黑暗中的两条平行的铁轨，永远不会相交在一点。老板永远是对的，这是职场之中的不二法则。士兵当着上级的面信誓旦旦地说自己以后要当将军，常常会得到褒奖，因为“不想当将军的士兵不是好士兵”。但是当着老板的面，你想当老板的想法不可轻易暴露出来，因为这就意味着你的发展已经设限，没有一个老板会因为你的才能超过他而把自己的宝座拱手相让。这就是职场的现实，你应该保持一种敢于面对现实的态度。老板永远都不可能是你最真诚的朋友，丢掉幻想，少点天真。有时候可以说，老板和你就像猫和老鼠的关系，你不要以为花言巧语就能欺骗老板，在你犯错的时候，老板照样会按规矩办事。

一只涉世不深的小老鼠，以为只要讨饶，只要用花言巧语就能感化那只死追它不放的老猫，放它一条生路。于是，它对老猫说：“请饶我一命吧，一颗麦粒足够我吃饱，一个核桃能把我的肚子撑得圆鼓鼓的。再说眼下我很瘦，等过一段时间我长得肥一点，再给您当早点吧。”老猫对这只小老鼠说：“你弄错了吧，这些话是说给我听的吗？你这不等于是说给聋子听吗？你想要一只猫而且是一只老猫饶你一条性命，这是不可能的！照规矩办事，你下地狱去，找死去吧！”老猫边说边把小老鼠咬死了。

这个寓言故事告诉我们，不要把你的老板当作上帝，也不要把你的老板想得太简单。老板就是老板，无论你的老板在你的心目中是怎样的人，你都得注意级别，不说老板坏话，维护他的权威，给他以尊敬。不要擅自为老板做主，坚决按照老板的吩咐去做，哪怕他的指令漏洞百出，哪怕他是一个一无是处的人，只因为他是老板，只因为他比你有分量。

一个人去买鹦鹉，看到一只鹦鹉前标着：此鹦鹉会两门语言，售价二百元。另一只鹦鹉前则标着：此鹦鹉会四门语言，售价四百元。该买哪只呢？这人转啊转，拿不定主意。结果突然发现一只老得掉了牙的鹦鹉，毛色暗淡杂乱，标价八百元。这人赶紧将老板叫来：这只鹦鹉是不是会说八门语言？店主说：不。这人奇怪了：那为什么它又老又丑，又没有能力，会值这个价呢？店主回答：因为另外两只鹦鹉叫这只鹦鹉老板。

对，只因为他是老板，他可以又老又丑，可以没有能力，但是他的身价比你高出千万倍。

老板都喜欢得到他人的尊敬，树立自己的威信。因而，作为员工的你一定要注意和老板上下有别，不要和老板称兄道弟，更不要拍着老板的肩膀说话。在公共场合与老板说话更要注意，有不同意见时也不要在公共场合与老板争辩，特别是当着许多员工的时候。你可以选择与老板私下里交换意见，实在不行，你也可以选择离开。

你要学习中国古代的那些纵横家，在表现的时候讲究策略，千万不可意气用事。现代人的智商都是不相上下的，作为老板，他能走到今天，自然有他的过人之处。也许私下里，老板让你放松，不要紧张，不要太客套，这时候你就得更加注意了，往往错误就在此时发生。你平时注意到了老板的权威，突然之间这种敬畏没了，你就会得意忘形，没了上下级之分，忘了地位之别，这时候你的错误往往容易酿成。

记住：老板永远都是老板，不是你的朋友，不要在背后议论老板的是非，因为世界上没有不透风的墙；不要在老板面前说三道四，诋毁别人，这样最终诋毁的是你自己；注意你和老板之间的距离，你们的关系并没有你想象中的那么好。同时，不要忤逆老板的意思，不要轻易替老板作决定。

远离上司的私生活

与上司的关系最好不疏不离，既让他感到你很亲近，但又不对他构成威胁。

一个小国的国王为了自己的国家不被邻近的大国所侵犯，只得委曲求全与邻国联姻，娶了大国国王的妹妹为妻。由于这个国王的妹妹是个极其尖酸刁蛮的女人，因此婚后的国王处处受制于她。国王因为长期的压抑，不得不在外面又暗自结识了一个女人。由于担心凶恶的王后知道此事，国王终日提心吊胆。

这时，有一个很会讨好国王的人主动为他出谋划策，为国王设计了许多与情人幽会的方式，国王也视他为亲信。国王与情人的事情只有这个亲信最清楚。久而久之，皇后似乎察觉到了国王的不轨，就准备找那个亲信询问。因为她知道，只有他最清楚国王的私事。国王得此消息后，立即找了一个罪名，下令把那个亲信处死，这样就永无后患了。

故事是个悲剧，运用到职场中同样适用。如果过多地介入上司私生活，使你脱离了与上司的正常关系，对你就没有丝毫好处。上下级之间的确是可能建立友谊的，但是友谊过头，过多地参与上司的秘密，就是不值得提倡的。

亲密的关系有一种平等化的效应，这会扭曲上司与你之间正常的上下级关系。

上司让你知道的秘密一旦被泄露，他将受到伤害。最初你或许会因为是上司的密友而与他无话不谈，并自鸣得意，可是时间一长上司便会有一种潜在的危机感，从而使你们的密友关系变得越来越尴尬。哪怕上司让你知道的秘密仅局限于公司内部的事情，这仍会给你带来不必要的麻烦。因此，你介入得越深，就越会发现自己的行动开始变得不自由。

此外，频繁地和上司周旋而获得上司密友或上司宠儿的称号，还会使你招致公司同事们的讨厌和不信任，甚至会有人想尽一切办法处处与你作对，来拆你的台，谁知道你成天黏在上司身边，一副神秘兮兮的样子是不是有什么见不得人的小阴谋或小算盘呢？这也是人们的本能反应。即使你在潜意识里有强烈的成功愿望，但是为了自己的愿望在实现的过程中没有人为的障碍出现，你和上司之间一定要设一块禁区，并管住自己不要胡乱瞎闯。

而且，还要留一点私人空间给你的上司。每个人工作的目的之一就是为了生活，当上司的也不例外。你怕被冷落，怕得不到信任，上司其实也与你完全相同，只不过他的担忧和你稍有一些不同罢了。他担心你的能力不佳，做不好事情而让他承担后果；又担忧你能力太强，事事完美无瑕以致管不住你而动摇到他的领导权威，甚至更怕你夺走了他现在的位置。所以，留一点空间给你的上司。

那想要做到这一点，具体应该怎么做呢？

首先，时时向上司请教。哪怕你懂得比他还多，还是要尊重他，和他讨论某项计划，请他给你一些指点。当上司看到你如此举动时，自然也就放心多了。不过，请教完之后，他的建议不可一个都不采纳，那样会适得其反，因此，在你的计划里多多少少还是要掺和一点上司的意见在里面，这一点他会很在乎。

其次，事情不要做得十全十美。别以为凡事完美就一定会得到上司的赞美，最好能在不明显处留有一丝瑕疵或一点缺陷，以便让你的上司给你指点一番，从而显示出他高于你的能力，以满足他的优越感。

同时，还别忘了经常称赞你的上司。这和拍马屁是大有区别的。员工需要上司称赞，上司其实也需要属下称赞，尤其是在上司的上司也在的公众场合时，你的称赞更显得重要了。它一方面表现了你的服从，另一方面又间接替你的上司做了公关。他能不暗自欣赏你吗？

所以，既不过多地介入上司的私生活，又留下一点空间给你的上司立足，这就是与人的相处艺术，也是不断被上司重用从而走向成功的捷径。

与上司相处，要保持一个度

在与上司的工作关系中，除了要摆正自己的位置，更重要的是把握好自己的职责权限。分内的事情努力做好，分外的事不要轻易插手，尤其不可做出越级越权的事情来。

小刘和小王是同一部门的普通工作人员，他们有一个共同的特点，就是精明果断，办事能力颇强。但该部门的主管却拖拖拉拉，优柔寡断。对此，心高气傲的小刘早就颇有微词。公司向该部门下达了新的业务指标，主管反复考虑，瞻前顾后，一直无法提出具体的计划和方案。心怀不满的小刘直接向总经理打报告，提出了自己的一套方案。而为人低调的小王选择跟主管共同商量，拿出相应的对策和方案。在小王的启发下，主管凭借自己丰富的实战经验，很快提交了一套同样出色的方案。最终，公司采纳了主管的方案。不久，主管获得提拔，小王在他的推荐下，接替了他的位子。怨气冲天的小刘很快便离开了公司。

在很多情况下，主管的能力不一定比下属强，但这不能改变主管与下属之间从属的关系。把自己的聪明才智无私地奉献给主管，有人认为这样太冤了，心理上难以平衡。事实上，只有主管得到提拔，你才能有出头之日，你在紧急关头及时“救驾”，你的主管会从此视你为得力干将，对你另眼相看。一有机会，你得到提升是水到渠成的事情。

越级越权，企图盖过上司的风头，在上司的上司那里表现自己，这种行为会严重损害到部门主管的感情，给自己以后的晋升带来难以逾越的障碍。因此，除非万不得已，千万不要越级。公司像一部复杂而精密的机器，每一个部件都在固定的位置发挥着不同的作用，以保障整部机器的正常运转。然而有一部分人为了突出自己，老是喜欢搞越级活动，这些人大部分都对自己顶头上司有某种不信任或者不服气。这样做的后果是扰乱了公司的正常工作程序，造成人为的关系紧张，反而影响了工作效率，更会影响到自己的晋升之路。

“到位而不越位”的几个守则：

1. 明确工作权限

进入某一岗位，需要弄清楚自己日常扮演的角色、应当履行的职责，应当遵守的行为规范。

2. 分清“分内”和“分外”

在其位要谋其政，不属于自己职责范围内便要小心谨慎，尽量少插手、不插手。当然，不排除有些上司会下放自己的某些权限，把本属于自己职责范围内的一些工作交给值得信赖的下属去做。此时，作为下属，一定要全力以赴，发挥自己的极限水平去做好。应当注意的是，必须由上司自己亲自委派你干这项工作，一般情况下不要主动要求。以免上司认为你插手太多，有越位之嫌。

3. 不可轻越“雷池”

遇到自己不熟悉的工作时要多请示，否则，往往会不自觉地造成越权行为，好心办错事。“雷池”不可轻越，万事谨慎为先。

满足上司的尊重需求，切忌私自定夺

上司永远是上司，即使多小的、多不重要的事，也要让他定夺。因为这里有你对上司的尊重和重视。

在不该说话的时候说话、不该做主的时候做主，是职场新人常犯的毛病。你必须知道，无论你帮老板管了多少事，也无论你的老板多糊涂，甚至依赖你到了你不在他连电话都不会拨的程度，他毕竟还是你的老板，大事小情毕竟还得由他来做主。出了错，他承担；有面子，也该由他来卖。

这是一个让人深思的关于自作主张的故事：

有个杂志社给一个作家做了一期专访，等杂志出来以后，这个作家收到了一本，他想多要几本送给朋友，便打电话给这家杂志社主编。

主编不在，杂志社里一个编辑接了电话。“麻烦你转给一下主编，我希望多要几本这期杂志。”“这个啊，没问题！您直接派人过来拿就成。”该编辑爽快地说。

作家正打算驱车去拿杂志时，却接到主编的电话：“对不起！刚才我不在，杂志收到了吧？我刚才派人给您多送了几本过去。”停了一下，主编又说：“可是，对不起，我想知道是哪位编辑说您可以立刻过来拿。”

作家很奇怪，于是问道：“有问题吗？”“当然没问题，您要十本都可以，我只是想知道，是谁自作主张。”

事情的结果可想而知，那位自作主张的编辑免不了受到上司的一番责备，上司一定会认为她目中无人，她在主编心目中的印象也肯定会大打折扣。

既然是别人点名找你的上司，作为下属就该转告，而不是替他做主。虽然只是一句话而已，但本来可以由上司卖出的人情，却被你无意挥霍了。

想想看，像这位编辑的行为，上司能不反感吗？老板就是老板，下属就是下属，不要自以为聪明，就可以自作主张，真正的好下属要懂得什么时候该说什么时候该做！

不自作主张，这是你在处理公司事务时起码要做到的，而要想在这一方面做得更好，你还需要做到遇事时多和上司商量，多让上司给你做主。

你有没有常常向上司询问有关工作上的事，或者是自己的问题？有没有跟他一起商量？如果没有，从今天起，你就应该改变方针，尽量详细地发问。部下向上司请教，并不可耻，而且是理所当然。有心的上司，都很希望他的部下来询问。部下来询问，表示他的眼里有上司，尊重上司，尊重上司的决定。另一方面也表示他在工作上有不明之处，而上司能够回答，才能减少错误，上司也才能够放心。

如果员工假装什么都懂，一切事都不想问，上司会觉得“这个人恐怕不会是真懂”而感到担心，也会对你是否会在重大问题上自作主张而产生担忧。在工作上，作重大问题的决策时，你不妨问问上司，“关于某件事，某个地方我不能擅自下结论，请您定夺一下”，或者“这件事依我看不这样做比较好，不知部长认为应该如何”等。这样不管功过如何，都与你没多大关系。

其实，客观来说，仅就工作而言，下属自作主张带来的后果，往往都不会是十分严重也并非全都是消极的方面。可以想象，哪有那么多员工笨到不知轻重的地步，敢于擅自替上司做出关乎单位整体利益的主张。除非他真的是个没有自知之明的人。然而，这种自作主张所带来的对职场上的等级及人际关系常态的冲击，往往是十分明显的。

上司反感下属的自作主张，其实不在于他的擅自决定给工作带来的损失——通常来说，这种损失是微小的。上司心中真正在意的是下属越权行事的行为，以及这种做事风格所反映的下属心中对上司的态度。

因此，工作中多与上司沟通，让他为你出谋划策，假使你有迷惑不解的事，苦恼的事，诸如工作上的难题，家中的困扰，男女感情的苦恼，也可以尽量向上司提出，同他商量。尽管你并不会真正听从上司的意见，但是这样做却会使上司产生“他什么事情都听我的”的心态，认为你在什么问题上都会重视他的意见，在工作上也不会私自越权决策。

在职场上，你必须时刻牢记一条：上司永远是决策者和命令的下达者，无论我们有多大的把握相信自己的判断力，无论你代替上司决定的事情有多细微，都不能忽略上司同意这一关键步骤。否则，当上司意识到本应由自己拍板的事情，被属下越俎代庖，他所产生的心理上的排斥感和厌恶感，以及对于下属不懂规矩的气恼，足以毁掉你平时小心经营，凭借积极努力所换来的上司对你的认同。所谓“一着不慎，满盘皆输”，莫过于此。

挑战什么也不要挑战老板的妥协能力

在《杜拉拉升职记》里有这样的一幕：

DB 商业客户部原销售总监彼得章本来是个聪明过人的角色，销售水平高，经验也丰富，但是他不服刚来 DB 的中国总裁何好德，明里暗里和总裁对着干。他曾经成功地把前任总裁逼走，这次是要再把何好德逼走。结果，彼得章不但没达到目的，反而被何好德炒了。究其原因，全在于他自不量力，一再挑战老板的妥协能力，最终不得不向老板“妥协”。

在发现自己的观念、性情和老板不一致的时候，想一想，是站在老板的一边与之共同成长？还是仗着自己的优势，和老板进行对抗，去挑战他的妥协能力？哪一条才是你心里的光明大道？你是激进派还是保守派？不管是何门何派，你是否充分考虑了“维护自己的利益”这个大前提？

彼得章公然挑衅何好德，他的强攻制造了浓浓的火药味，如此公然的挑衅就相当于宣战，意味着撕破了脸。彼得章很聪明，但他的聪明带着过于嚣张的成分。即使在这场战役中他处于优势，有胜算的把握，或者即使得到了成功的结果，对比何好德的低调，他承担的风险系数还是远远高于对方的。

要知道，你并不是老板，相比较老板这个位置，你一定存在客观上的劣势。更何况，你的老板之所以能达到这个高度，必定还是有些能耐的，没有一定的思维和处事能力，又怎能担当重任呢，如果你的对手全是何好德之类，那等着你的就是被对方不动声色地给收拾了。

再客观点说，即使理念再不相容，赤裸裸地呈现自己的意图——让老板向自己妥协，就是聪明之举吗？

换位思考一下，如果你是老板，有人跟你叫板，你会怎么对付他，之后你就该知道和老板对招后的危险处境了，除非你更能审时度势，更善用策略，否则必败无疑！没有一个老板可以容忍一个故意和他作对的人。所以，不要学彼得章给自己挖坑，否则，掉进去的迟早都是你自己。

陆泉在一家文化公司上班，取得的业绩有目共睹，他是一个非常有能力的人。但是他瞧不起周围的同事，更不喜欢上司对他指手画脚，因此经常会忤逆上司的意思。对自己不赞同的意见，不是假装听不到，就是直接和上司较劲。时间久了，上司看出了他不服的心思，开始疏远他。陆泉被打入了冷宫，职场前途一片黑暗。

陆泉忍无可忍，与上司大吵了一架，愤然摔门离去。陆泉失去了一份令人羡慕的工作，只好重新开始寻找属于自己的天地。但如果他跟下一位上司的关系仍旧紧张，是否还会摔门而去另觅出路呢？

陆泉恃才傲物，连自己的上司都不放在眼里，常常向上司叫板，最终失去了工作。相反，如果他能收敛一些，主动向上司妥协，那么，凭借他那出色的才能，又会是一个什么样的结果呢？

尽管老板不可能总是对的，但是跟老板对着干总是不对的。身在职场就应该把服从放在第一位，对待上司要绝对地忠诚，而服从则是忠诚的表现形式。失去了服从，便失去了饭碗。挑战老板的妥协能力，最终会打破自己的饭碗。

老板最讨厌什么样的员工？相信大多数人都会说是那些不服从领导的员工。如果问他们如何管理这样的员工，他们一定会回答：炒鱿鱼。因此，那些被老板赏识的员工都是绝对服从命令的，虽然他们也会提出自己的建议，但是仍然会听从老板的指示。

员工服从老板是开展工作的首要条件，这是无可争议的。但是职场中很多员工却并没有做到这点，自命清高、个性倔强的人总认为老板的决策太过幼稚和愚蠢，因此总会在暗地里搞点小动作。最终，他们往往会自食其果。

和“密友”同事保持安全距离

两人关系密切但应有恰当的距离，知道别人太多的过去，会让自己很危险。

当很多同学还在为工作发愁的时候，小方已经稳稳当当地坐在这家大公司的某个小方格里开始他的职业生涯了，他受宠若惊而又异常兴奋，他是怀着对力荐他的顶头上司十二万分的感恩之心到新单位报到的。小方暗暗发誓一定要好好干。

他们组有个女孩，他们处得非常好，工作上常能保持意见一致，他们的友情也不断深化，发展到了各自的私交圈子，对方的男女朋友也都十分熟悉。她有时会和小方的女朋友一起逛逛街，小方和她男朋友偶尔也会打打球。有时四个人还坐在一起搓麻将，公司里的其他同事都特别羡慕他们两人能有这么好的关系。

但这种融洽的关系却在有一天出现了难以弥合的裂痕，起因是公司里新来的副总经理。女孩从见到他第一眼起，就很不自然，副总经理也是，两人坐在那里，并不说话，却有一种微妙的气氛。下班时，女孩突然“消失”了，而平时女孩和小方都是一同坐车回家的，即便临时有事，也会先和对方打个招呼。小方问了门口的大爷，说她是和副总经理一同出去的。

第二天，女孩红肿着眼睛来上班。回家的时候，没等小方问，她就主动和盘托出：副总经理是她大学时的同学，他们曾经谈过恋爱，后来因为副总经理毕业后去了美国，于是两人断了往来。副总经理经过一次失败的婚姻，再见女孩，有了和她重温旧情的想法。说着说着，女孩忍不住掉起眼泪来。

小方和这个女孩子就这个事情进行了亲密的交谈，但是没想到，自从那次之后，女孩和他渐渐疏远，也许是后悔让他知道了这个秘密。终于有一天，她开始在同事面前放风，说小方做事常常偷懒，完不成的任务都要她帮他顶着。

上面的故事可能会引起很多人的深思。小方知道了女孩过多的秘密，让小方吃到了苦。

职场人际关系非常玄妙，既非亲密无间，但却熟悉无比。这之间存在着一个最佳距离，保持这个距离，才能为自己营造一个良好的职场人际空间。

和同事之间，亲昵而不可交心，熟稔而不可无间，把握好这特殊的“熟人”关系，过亲或过疏都不是好的选择。千万不要与同事有过密的交往，因为你对他知根知底，所以一旦风向有变，你立刻就会成为他的重点防范对象。别人的伤心史，能不听就别听，更不要滥施情感。你同情他，说不定他转眼间就会为自己的一时脆弱而后悔，甚至转而恨起你来。因为人通常都需要在自己脆弱的时候寻找倾听对象，但是如果你知道太多别人的往事，那个人就会非常后悔，还会找机会给你使个绊子，让你后悔都来不及。因此与同事，特别是那些有过多“情史”的同事相处，最好停留在“今天天气不错”的水平上，这样才能保证你的安全。

同事争功，用不伤和气的方式捍卫自己

你是否有过以下的经验？一天，一位与你稔熟的同事向你提出建议，一起合作帮助上司整理历年来的开会资料记录，虽然此举会增加工作负担，却不失为一个表现的好机会，可以博取升职与加薪。你对于这样的提议大表欢迎，甘愿每天加班完成额外的工作，甚至没有发出丝毫怨言。可是，你怎样也想不到，对方竟然把全部功劳归为己有，在上司面前邀功，结果他获得上司的提拔，这使你又惊又怒。

一开始，你还不太在意，渐渐连其他同事也看不过眼，谣言开始满天飞，令你再也难以忍受这一切。

这时候如果你公开地表示不满，只会把事弄坏，给某些不怀好意的人以更多挑拨离间的机会，得不偿失。

你向上司或老板投诉以表明态度也不是妙法，这样容易变成“打小报告”，人家只会以为你“争宠”“妒才”，甚至是“恶人先告状”，无端留下坏印象，错上加错。

对自己做出的成绩，除非你打算继续坐冷板凳，蹲在角落里顾影自怜，否则，每当做完自认为圆满的工作，要记得向上司、同事报告，别怕人看见你的光亮；当有人来抢夺属于你的功劳时，也要坚决捍卫。

一般来说，你可以选择这样的方式来捍卫自己的这些成果：

1. 想法和创意提前提出

很多时候，你在不经意间提到的想法和创意很可能被你的同事拿去用了。一旦等他们用后再和上司去说，估计就迟了。所以，一定要注意，有什么好的想法和创意，一定不要随便说出，先想好了，有了十足的把握就去和上司谈。

2. 用短信澄清事实

当然，首先写的短信不能有任何坏的影响，短信内容一定不能让对方产生不悦。写短信的主要目的是要委婉地提醒一下对方，自己当初随便提出的想法，是怎样演变到今天这个令人欣喜的样子。在短信中适当的地方，你可以写上有关的日期、标题，可以引用任何现存书面证据。

在短信的最后要建议进行一次面对面的讨论，这是很重要的，这能让你有机会再次含蓄地加强一下你的真正意思：这主意是你想出来的。

3. 不着急和他人夺功

不着急和他人争功，并不是不争，而是要找准时机，怎样安排自己的语言。

在做出决定时，要考虑打这场“官司”得花费多少精力。如果你正在准备一次重要的提升，或者证明“所有权”只能使你疲惫不堪，再或者也许还会让你的上级生气，让他们纳闷你为什么不能用这个时间来做点更有意义的事情，在这些情况下退出争夺战显然是上上之策。

同事不是家人，不能乱发脾气

处于情绪低潮当中的人们，容易迁怒于周围的人，这是自然的，但是办公室是有规则的。为了展示真正的职业风范，更好地在职场中生存，则必须根除自己这种陋习，不在同事面前发脾气。

在林科长任财务科长的第三年，上司给他委派了一名新主任。新主任是老会计出身，没有多少文化，对所管辖的部属，谁工作认真、昼夜加班、出了成绩，他看在眼里、忘在脑后；谁迟到早退、不请假，或者没有给他及时送材料，他却牢牢记在心上，时不时地给点颜色瞧瞧。尤其是对财务科的工作总是挑毛病、找破绽，好像怎么看怎么不顺眼。

面对蛮不讲理的新主任，林科长既没有当面顶撞，也没有逢迎巴结。

他经常和本科室的人员开会，定出工作程序，交给主任过目后，再切实执行，并做好系统记录，以便主任翻阅。这样自行安排工作，既减少了他这个财务科长与新主任的摩擦，也减轻了自己的负担。

有几次，林科长被主任严厉批评，但他没有任何的异常情绪，也没有把这种情绪带到工作中去。相反，林科长每受到委屈，必当机立断，检查自己的工作、处事是否有错误，并且有错必改，或是重新评价自己，进一步做好本职工作。

此外，对待这样的“大老粗”主任，林科长为自己的前途着想，时时小心、处处小心、步步小心，每一件事、每一句话都对主任格外尊敬，尊重主任的意见，多向主任请教，多多体谅主任的难处。

这样一年下来，主任对财务科长褒奖有加，再也不像以前那样恶声恶气了，又过了半年，林科长被提升为财务部主管。

愤怒常常使人失去理智，在愤怒的情况下做出的举动和判断往往是错误的。身在职场，你应学会控制自己的情绪，应像林科长一样懂得控制自己，才能更利于发展。

大凡身心健康者，每个人都有喜、有怨、有悲，也有愤怒这些心理情绪的存在或表现。生活是多变的，在多变的生活中每个人都会面临挫折、失望、沮丧、失败。在正常情况下，人会在遇到高兴事时，眉飞色舞；遇到伤心事时，愁眉苦脸。但是在办公室，这种情况一定要控制。成功者因这些问题引发愤怒时，总是以积极的态度、积极的情绪来适应之，这就是情绪控制。

控制发怒的目的不是压抑愤怒，而是把愤怒的情绪巧妙地转移，导引为一种努力背后的动力，以推进自己的事业向前发展。这是通常说的聪明人的做法。

很多人经常把工作以外的怒气和不满带到工作中来，同事觉得你像随时都可能爆炸的炸弹，尽量绕开你的办公桌。客户打电话给你，你莫名地冲着他吼叫，然后不等对方说完就把电话挂掉。一整天，你总是用双手抱着头，一声不响地坐在那里，工作懒得做，话也懒得说，办公室的气氛因为你而变得死气沉沉。你自己觉得他们知道真相后会体谅你的，而事情一过，你也会热情地投入工作。殊不知，你这种不够成熟的表现影响了你的工作，而且这样做也并不能使你解脱，你让你的同事们也感到不快，他们不喜欢这样。最重要的是，你的客户永远不会再与你联系。

办公室是一个集体场合，不同于你自己的家——即使在家也要考虑家人的情绪呢，而同事是与你共同做事的人，不是来看你脸色、受你脾气的。正所谓“一人向隅，举座不欢”，纵使你有一千个理由，也不应该把坏情绪带到办公室来。

同事刁难，一味妥协不是办法

同事之间的关系非常微妙，也是“办公室政治”中非常重要的一项内容。我们都知道同事之间的关系非常难处，在实际工作中，我们很难同各种各样的同事都搞好关系，有时还会遇到一些根本不愿意与别人合作的同事。

遇到这种情况，首先要明白同事不愿意与你合作有主观、客观上的许多原因，但不论何种原因，对方的不合作都会大大影响你的工作效率，让你的某项工作或任务因他(她)的不合作而被耽误，有时甚至还会带来非常严重的损失。遇到这样的同事，我们当然先要好好地商量，尽量“和平”解决问题；但是如果妥协也解决不了问题，那就要采取一定的措施了。

1. 消除不合作的因素

很多时候，同事不合作不是针对某个人，而是针对某项工作，对待这样的情况，我们首先应该用实际行动帮助不合作的人消除不合作的因素。

我们应该清醒地认识到，在实际工作和生活中，要想使不合作者变为合作者，不仅是一个说服问题，还是一个实际行动问题，只有找到不合作的原因，在行动上帮助不合作者，消除对方不合作的原因，才能使不合作者成为合作者。

因此，消除不合作的因素是争取对方合作的最根本的方法，在日常相处中，你一定要善于发现这类同事不愿意合作的原因，然后通过自己的实际行动巧妙地消除这些因素，这样可以使你与同事更好地合作，在工作中共同奋斗、共同进步。

2. 欲擒故纵

欲擒故纵的本义是指为了捉住对方，故意先放开他(她)，使其放松戒备。比喻为了更好地控制，故意放松一步，这里用其比喻义。如果你把这种方法运用得十分巧妙，效果也是十分明显的，能使不合作者轻易地变成积极的合作者。

有时这种不合作的同事，即使你苦口婆心地劝告和说服也起不了太大作用，这时你不妨采取这种比较间接且又十分有效的方法。

3. 诱导对方参加你的工作

在与不合作的同事相处时，你应该千方百计地想办法诱导他参加你的工作。这是转变不合作者态度的又一重要措施。不合作者不和你合作，就是由于没有参加你的工作，如果你能巧妙地使其参加你的工作，那么，他(她)就不会不和你合作了。

在实际工作中，与你不合作的同事也许并不是主观上持有与你不合作的态度，而是他(她)从没有参与过同你的合作，根本不了解你的工作，不知道与你合作的意义。如果是这种情况，你应当做的就是想办法使对方加入你的工作中来，让其在与你一起工作的过程中，亲身感受与你合作的意义，这样，你就自然而然地得到他(她)的合作了。

同事之间是合作的关系，强硬的态度很容易把关系搞僵，两人结下

"梁子"，日后的工作会有诸多不便。所以，不到万不得已，还是不要用"强硬"的方法。

同事关系融洽，心情就会舒畅，这不但有利于做好工作，也有利于自己的身心健康。倘若关系不和，甚至有点儿紧张，那就没滋没味了。所以，在处理同事关系时，一定要考虑全面，从长远出发，必要时，适当做出一些让步也不是不可以的

过去的事，有保留地说

17 世纪，西班牙一位著名思想家葛拉西安曾经告诫人们："千万不要让人了解你的全部。"他说："深谋远虑的艺术，就是善用你的智慧清晰地洞察情势，衡量情势。其中最重要的就是让人们知道你，但不让他们了解你，并不断地培养他们对你的期望，又不完全满足他们的期望。当你每成一事、每展长才时，他们便会因为你的伟大业绩而盼望更伟大的业绩。"这位社会经验极其丰富的思想家还解释说："看透别人就能主宰别人，被别人看透则会被别人主宰，胜利则因此易手。善于识破他人，可以号令全局；善于隐藏自己，就不必担心会落入圈套。要想受到别人的尊重，就不要让任何人了解你的全部。一旦被人识破你的才能局限，你就很难获得别人的敬仰和尊重。"

当一个人把自己的过去毫无保留地呈现于别人面前时，无疑为自己埋下了重磅炸弹。

赵月夜是一家公司的职员，他与好朋友张廉卫无话不谈。一次，借着酒兴，他向张廉卫说出了自己不为人知的秘密。赵月夜年轻时，与别人打群架，砍伤了别人，结果被判了两年刑，从监狱出来后，改过自新，重新做人，考上了大学，进了现在这家公司工作。时值年底，公司效益不佳，并准备裁员。赵月夜和张廉卫从事同一工作，这个位置精简后只能留下一人，但论

实力，赵月夜比张廉卫略胜一筹。不久，赵月夜的事就在公司传开了，大家都知道赵月夜是坐过牢的“劳改犯”，大家对他的看法大不如前了。谁愿意跟一个劳改犯一起共事呢？赵月夜就这样被裁掉了，张廉卫则留了下来。

赵月夜的失败之处就在于他把自己的过去毫无保留地和盘托出了，同事利用他的过去把他从竞争的道路上踢了下来。

与人相处，不要把自己过去的事全让人知道，特别是那些不愿让他人知道的秘密，要做到有所保留。向他人过度公开自己秘密的人，往往会因此而吃大亏。因为世界上的事情没有固定不变的，人与人之间的关系也不例外。今日为朋友，明日成敌人的事例屡见不鲜。你把自己过去的秘密完全告诉别人，一旦感情破裂，反目成仇或者他根本不把你当做真正的朋友，他还会替你保守秘密吗？也许，他不仅不为你保密，还会将所知的秘密作为把柄，对你进行攻击、要挟，弄得你声名狼藉、焦头烂额，那时你后悔就来不及了。每个人都有自己的过去，都存在一些不为人知的秘密。朋友之间，哪怕感情再好，都不要随便把过去的事情和秘密告诉对方。

如果你是职场中人，你将自己的秘密告诉同事，在关键时刻，他很可能会跟张廉卫一样，以你的秘密作为武器回击你，使你在竞争中失败，他将你不光彩的秘密说出来，你的竞争力就会大大削弱。

自己的秘密不要轻易示人，守住秘密是对自己的一种尊重，是对自己负责的一种行为。罗曼·罗兰说：“每个人的心底，都有一座埋藏记忆的小岛，永不向人打开。”马克·吐温也说过：“每个人像一轮明月，他呈现光明的一面，但黑暗的一面从来不会给别人看到。”这座埋藏记忆的小岛和月亮上黑暗的一面，就是隐私世界。秘密只能独享，不能作为礼物送人。再好的朋友，一旦你们的感情破裂，你的秘密就将尽人皆知，受到伤害的人不仅是你，还有秘密里牵连到的其他人。所以，有保留地跟同事谈论自己的过去，既经营了同事间的感情，也很好地保护了自己。

办公室恋情，到位不要越位

办公室素有“培养爱情的温床”的称号，男女同事在一起久了，难免会产生超越正常同事感情的更深一层的情感，这就是爱情。美国人力资源管理协会前任主席兼首席执行官海伦·德里南认为：“异性同事之间产生恋情是极其自然的事。”所以，在工作场所中寻找伴侣是完全符合逻辑的，正如成长期的少男少女总是把校园作为爱情的试验田一样。有人最近在全美范围内对 1000 名公司职员做了调查，结果显示，47% 的人曾经有过办公室恋情，而 19% 的人如果有机会也愿意尝试办公室恋情。

但是，办公室毕竟不是恋爱场所，办公室爱情也有它自己的法规。如果你和同事确实两情相悦，而你的公司又没有不允许这种情况发生的禁令，那么无论从爱情还是从事业的角度，这都是一件好事。另外，一旦你们处理不好这种关系，就会产生感情上的麻烦，甚至引发法律纠纷。这样会严重影响你的工作。此外，爱情并不是一帆风顺的，有时爱情已经结束，两人却不得不继续在一个空间里工作，这是最让人难堪的事。不仅当事人感到不自在，其他同事的情绪也会受到影响。

当爱情不可避免的时候，运用恰当的策略，规范双方的行为有助于降低潜在危险发生的概率。当你拿不准情况的时候，就老老实实按照公司制定的相关规则行事，越谨慎越好。如果身为老板的你想和员工约会，那么你将不得不首先考虑你作为管理者的地位。

同时，还要留心别让爱情影响了你的工作效率。不要有明显的示爱举动，比如接吻、牵手、互相凝视，即便在通往办公楼的路上或是在电梯里也应避免这样的情况发生。在公司的餐厅里，不要和对方同吃一个盘子里的菜。彼此之间不要使用诸如“亲爱的”“甜心”“蜜糖”“心肝”之类的爱称，最好也不要使用昵称，特别是当你的公司规定员工间必须使用正式称呼时。如果你的心上人是你的老板或雇员，应该尽力避免偏袒的嫌疑。应该学会未雨绸缪，一旦爱情冷却且不能再和昔日恋人共事，你要能够全身而退。

董飞和亚莉从工作伙伴变成情侣，后来又结为夫妻，一切看似十分顺利。可董飞在和妻子共事了5年之后提出，他不愿再和妻子在同一家公司上班了。“我是一名推销员。”他解释道，“每当我来到办公室扔给亚莉一堆秘书干的活时，就感到不舒服，我想自己完成工作。如果我发现有人和她争吵，我总是站在她这一边。我外向、精力充沛，而亚莉正好相反。”

有时候，恋爱的一方或双方会主动提出换个环境，尽管他们看上去和其他同事、老板或下属之间仍然保持着很好的关系。

除此之外，对办公室恋情处理不当而导致的恶果还包括：当你工作的环境中充斥着关于你和你的异性同事的流言蜚语时，整个工作团队的凝聚力将受到影响。还有，如果老板和员工发生了恋情，别的员工可能会指责老板给自己的心上人开后门。

面对办公室爱情，年轻人一定要在心里有一个尺度，要把握到位，千万不可做越位、出格的事。只有正确并谨慎对待自己的爱人，才能在办公室里更好地保护自己的爱情。此外，如果爱情不慎破裂，双方最好不要撕破脸皮，成为仇人，否则，对双方都会产生不利的影响。

派系斗争，既要适时加入又要清醒抽身

法国前总理皮埃尔·莫鲁瓦说：“在社交界如同在戏剧里一样，拥有一个角色非常重要。”职场之中也是一样，人应该有一个属于自己的角色，而不是站在不同的派别中间，要么是无足轻重的路人，要么是被殃及的池鱼。在办公室的派系斗争中，适时地加入，又能清醒地抽身不仅是明哲保身之

道，更是对社会的一种领悟与洞察。

在办公室中，有派系活动是常事，没有才奇怪。如果你闭上眼睛漠视“办公室政治”的存在，那将是十分不明智的。因为你迟早会被卷入其中，有所准备，才有存活的机会。面对派系斗争，虚与委蛇地来上这么几招，才能避免掉入派系斗争的沼泽，不小心的后果不堪设想。

谢芳延就职于某跨国传媒公司下属的一个办事处，和其他3名员工一起，在频道主编的带领下，努力地工作，他们负责的频道眼看着日长夜大。谁也没想到，一场因为值班而引发的争斗正在悄悄降临……

一个周末，轮到谢芳延这一组值班，一位同事头一天加班，早晨晚到了一会儿。谢芳延因为生病，也是下午才过去。不料这些都被“顺带路过”的总编看在了眼里。第二天，公司里开始盛传“某某频道的员工不肯值班”，好在频道主编挺身而出，替他们作了澄清……事情很快平息，但总编和他们的关系从此急转直下。

当别的频道还在建设中时，谢芳延这一组已完成了所有的准备。可在例会上，总编却要求他们加班，说是“权当做给上面看，样子卖力点，也好加工资”，不过遭到了频道主编的反驳。看得出来，总编脸上有点挂不住。

两个月后，频道主编怀孕开始休假。第二天，总编立马就给他们频道“穿小鞋”——每天召开三刻钟会议，一开就是一星期，会议的主题只有一个：反复强调剩下的4个人要对他直接负责，某某频道的内容需要全面调整。之后，总编的小动作不断：试用期过了，谢芳延的工资却明增暗减，公司里更在盛传，他们频道已经被判了“死刑”。

谣言很快变成了现实，一个月后，总编直截了当地对谢芳延说：“公司里要调整职位，你的文笔不错，应该可以找到新的工作。”很快，另外3个人也遭厄运：一个同样被辞退，一个调到市场部，最后一个“独木难成林”，请了长病假。

现代职场中，只要关系到分工合作、职位升迁，抑或利益分配，总会因为某些人的“主观因素”而变得扑朔迷离、纠缠不清。随着这些“主观因素”的渐渐蔓延，原本简单的同事关系，上下级关系也变得复杂起来：一个十几个人的办公室，可以有几个不同的派系，更可以有由这些派系滋生出来的上百个纠缠不清的话题。面对这些不动声色、波澜不惊的职场老手，将办公室比喻成战场，在这里，每天都进行着一场场没有硝烟战火的较量，不管你累不累，愿不愿意，只要你置身“江湖”，就“身不由己”。

那么，职场人士应怎样避免卷入派系之争呢？既要懂得适时加入，又要明白清醒抽身离去是明智之举。

当你感到自己的工作因为被派系排除在外而无法好好完成时，你可以考虑加入派系。加入一个已经形成的小圈子是很困难的，但并非完全不可行。首先，你应该建立并流露出自信。你可以邀请派系的主要成员吃午餐，偶尔和他们一起去酒吧或咖啡馆。然后，去找你的老板，要求与派系中的成员合作一个项目。但是请务必记住，不要表现得太急不可耐、爱出风头，否则你会一无所得。

如果某个派系欺负作为局外人的你，你就要尽可能地用平缓的语气把这个问题反映到老板那里。详细阐述派系对工作造成的不利影响是你最好的选择，千万不要以受害人的姿态来描绘你的职业和工作，如果你提到自己在感情上受到的伤害，那么，你在老板心目中的地位将受到削弱。

如果你已经成为派系的一员，并感到自己的工作表现因此而受到影响，那么清醒抽身，与之保持距离将是十分重要的。你可以在工作之余，限制自己的社交活动，例如与其他同事共进午餐，为派系之外的人提供帮助。

学会适时地抽身离去，不是让你逃避人生，过于谨小慎微，而是让你增加对环境的了解，对周围的人和事有更清醒的认识，从而减少盲目，争取主动。要使用智慧，通过谋算和韬略降低风险，尤其在没有必要硬顶的时候，更要多用智谋，少用意气。

第七章

最舒服的亲密关系，是保持边界感

亲密有间胜无间

夫妻之间的距离一定得掌握好：太接近了容易伤害对方，太远了又感受不到对方的关怀，最恰当的是有点儿距离又不太远。然而，在现实生活中，这个距离并不是那么容易把握的，稍不留意就会有所偏差。

针对夫妻矛盾，有人设计了一个方案，名曰“开放的婚姻”。然而，婚姻本来就是给自由设置的一道门槛，在实际生活中，它也许关得严，也许关不严，但好歹得有。没有这道门槛，完全开放，就不成其为婚姻了。婚姻本质上不可能承认当事人有越出门槛的自由，必须把婚外恋和婚外关系视作犯规行为。

与“开放”相比，“宽”或许是婚姻关系的一个恰当尺度。所谓“宽”，就是两个人不要捆得太紧、太死，以便为爱情留出自由呼吸的空间，它仅仅着眼于门槛之内的自由，其中包括独处的自由，关起门来写信、写日记的自由，和异性正常交往的自由，等等。至于门槛之外的自由，它便很明智地保持沉默，知道这不是自己能管辖的事情。

据南方一家报纸披露，我国社会学家曾对上海 300 对夫妻进行了“你希望朝夕相伴，还是暂短别离”的问卷调查，发现竟有 271 对夫妻选择了后者，这大大出乎了人们的意料。

人与人之间必须有一定的距离，相爱的人也不例外。婚姻之所以容易成为悲剧，就因为它在客观上使得这个必要的距离难以保持。一旦没有了距离，分寸感便会丧失，随之丧失的就是美感、自由感、彼此的宽容和尊重，最后是爱情。

这里的距离除了实际距离外，更有心理距离。保持心理距离，就是让夫妻保持各自个性上的闪光点，让夫妻各自保留心中的一块自由活动的绿地，谁也不要试图挖空心思地去改造对方，而是要设法适应对方，让对方有独立的人格、独特的个性和适度自由的生活圈。大桥桥面的某些连接处要留隙缝，否则由于热胀冷缩的作用，桥就会断裂。热水瓶装热水，如果装得过满，反而不利于保温。夫妻之间若是一点“隙缝”都不留，反而不利于“感情保温”，迟早会“挤裂”的。

正如某位作家所说：“有距离才有吸引。但是，千万不要太远。当我痛苦或迷惘时，不要让我牵不到你的手。”同时，保持距离感绝不是设置心灵上的屏障或戒备防线，也就是说，物理距离也好，心理距离也罢，绝不是感情距离。恰恰相反，在审美心理竭力要求缩短这个距离时，将形成一种强烈的亲和力，实际上正是缩短了感情距离，加深了夫妻感情。

真正良好的夫妻感情有韧性，拉得开，但又扯不断。相爱者互不束缚对方，是他们对爱情有信心的表现。谁也不限制谁，到头来谁也离不开谁，这才是真爱。

亲密关系的边界感本质是相互尊重

尊重，是产生爱情的根源，是爱情存在的基础。恋人间没有相互尊重就不可能拥有真正的爱情，夫妻间没有相互尊重也就无法建立幸福美满的家庭。相互尊重，是幸福婚姻中不能忽视也不可忽视的因素，要想使家庭幸福、婚姻美满，夫妻之间就必须学会互相尊重，不能气势凌人，更不能轻视对方。

张香是一个端庄娴雅、温柔沉静的传统女子，她10年前就读于某市的重点大学，知识分子的家庭培养了她知书达礼的气质。她的同班同学李义是一个来自农村、学习刻苦、品学兼优的男孩子，正是被她恬静内秀的气质深深吸引，并萌发了爱情，对她穷追不舍。毕业后，在张香父母的帮助下，李义留在了本市工作，并抱得美人归。

李义刚开始对妻子十分关心和爱护，寻找一切机会陪妻子上街购物，参加各种聚会，出门旅游，为妻子购置高档服装、化妆品，在家里抢着做家务。

李义的仕途也是一帆风顺，他在单位不仅工作出色，而且很会“来事儿”，人缘极好，深得领导赏识，刚 30 岁就被提拔为处长，成为管理人员中的后起之秀。但是，随着地位的变化和社会圈子的扩大，李义的心理也发生了变化，家务活做得越来越少，对妻子、女儿也逐渐失去了耐心，处长的派头时不时地带进了家中。

一次，单位来了一个检察团视察工作，领导指名让李义带家属一同作陪。酒席上，李义逢迎周旋，很得客人欢心，领导也非常满意。这样的场合让张香感到说不上话，要么冲客人笑笑，要么静静地坐着。回家后，李义埋怨张香：“这么重要的场合，你怎么一声不吭？”“跟他们又不熟，我想说话也不知该说什么。”张香淡淡回道。

李义勃然大怒，手指头几乎指到了妻子的脸上：“女人是男人的门面。你那样傻乎乎的，能给我挣什么门面？该说什么说什么，你长的是猪脑袋啊！”张香不再答话，忍气吞声地照顾女儿上床睡觉。

一次，张香陪着女儿练电子琴，女儿缺乏兴趣和耐心，与张香讨价还价。李义坐在一旁冷言冷语地说：“教孩子练琴也不会，你还能干什么？”张香正在气头上，听丈夫这么说，狠狠地抽了女儿一巴掌，女儿哇哇地大哭起来。李义一下站了起来，冲过来挥了妻子一个大嘴巴，指着门大吼道：“教不了孩子就给我滚蛋，大不了我再找一个！”张香痛哭失声，冲出家门，回到了娘家，抱着被子哭了大半宿。第二天，在岳父母的劝说下，两个人又和好了。

但李义的心理并没有改变，不是说张香靠他养活，就是骂张香拿不出手。张香矜持内向，生性不会斗嘴，面对各种委屈、不平，只是泪往肚里流，为此苦恼不堪。闹到最后，张香只好与李义离了婚。

只有当你以一种平等的眼光看待爱人，把自己和对方摆在同等的位置上，不轻视、不压迫、不伤害、不利用爱人时，才能说你给了对方基本的尊重。尊重，是爱的体现，只有尊重才能还原爱的本质。

那么，怎样才能够做到尊重对方呢？你需要从以下 3 个方面着手做起：

1. 尊重对方的工作

目前，夫妻俩在一起工作的不少，但也有很多是不在一起工作的，有的可能是妻子的工作好一点而丈夫的工作差一些，也有的是丈夫的工作好一些而妻子的工作差一点，这种情况下，有时就会产生不尊重对方工作的现象。这种做法是极其错误的，无论职业怎样，每个人都是平等的人，夫妻间切不可因为其所从事的职业而不尊重对方，真正的夫妻应该是彼此尊重对方的职业和工作的。

2. 尊重对方的爱好

夫妻之间，有很多的兴趣爱好都存在着很大的差异，不可能完全相同。这时候，就需要夫妻间互相尊重、支持和配合，努力使两个人的爱好向一起靠拢，以使矛盾尽可能少发生，切不可根据自己所需，鄙视对方的爱好，强迫对方服从自己，这样只会使夫妻之间的共同语言逐渐减少，到最后导致感情破裂。

3. 尊重对方的劳动

现在的女性不同于以往，每个人都拥有一份自己的职业，在外面忙碌了一天，回到家里还要忙着做家务，这在如今提倡男女平等的社会中，本身就是一个不平等，但大部分妻子并没有说什么，仍然无怨无悔地做。可是却有很多做丈夫的不能很好地体谅妻子，反而认为做家务是妻子理所当然的分内之事，因此就不太尊重妻子的劳动，经常是这不对那也不对，总是挑剔衣服没有洗干净，饭做得不好吃等。想一想，妻子每天为做家务付出了很大的代价，却得不到丝毫尊重，这是一种多么大的伤害，对于夫妻感情的发展也是极为不利的。只有互相尊重，互相体谅对方，婚姻关系才能长久发展。

改造对方不如“管理”对方

世界上没有十全十美的人——正像你也不是完人一样。对于爱人在婚后生活中呈现出来的缺点，应当冷静地进行分析，耐心地帮助他克服。不能整天口角不断，那样不利于夫妻感情的培养；不能有意识地去“改造”对方，这样的努力十之八九会失败。只有通过婚后生活的潜移默化，才能使他的个性自然而然地发生变化。

乔治·沃克·布什是美国第43任总统，然而年轻时的他，却是一个放荡不羁、追求享乐的花花公子，是他的妻子劳拉用耐心与真爱感化了这位流连于灯红酒绿的“坏男孩”，并用贤惠与温柔使丈夫戒掉了嗜酒的恶习，这正是她的成功之处。

小布什曾经是有名的“酒鬼”，经常因酗酒而误事。每次在晚餐会上，他总会喝很多酒。有时候劳拉不得不悄悄用肘推一推他，提醒他不要再喝下去了，但布什很少会听劳拉的劝告。于是，她开始恳求他戒酒。最后在劳拉的“循循善诱”下，布什一咬牙，真的把酒戒了。这也是劳拉·布什值得人们尊敬的一点，她以个人的力量帮助布什改掉了恶习，为丈夫成为美国总统打下了良好的基础。

每个人都是有缺点的，当你发现自己另一半的缺点时，如何避开口舌之争，还能让他心甘情愿地为你做出改变呢？劳拉告诉我们，关键在于言语方式。婚姻中光有爱是不够的，还要学会如何表达你的爱意。比如当你想引导你的另一半改掉某些恶习时，最好以柔制刚，温柔地说出来，这样才能掌握主动，让婚姻在磨合的过程中更亲密、更融洽、更快乐。

很多女人，也许都曾经爱上过这样一个男人，他有像偶像剧男主角一样多的优点，阳光、俊朗、多情、幽默……可是，当我们带着无穷无尽的幸福幻想走进婚姻的殿堂时，才发现，原来，他和偶像剧里的男主角还有那么多的不一样——霸道、蛮横、任性、自私……一瞬间，所有的美梦都变成泡影，尽数破灭，残酷的现实让我们开始躲在角落里暗自神伤：这样一个“缺点丈夫”，是该“改造”还是该“放弃”呢？有必要继续爱下去吗？

其实，“缺点丈夫”可以变成“好男人”，关键是，作为女主角的你，如何施展自己小小的手腕，将他改造。如果真的无法改造，再离弃也是一种选择。

言妍和孙宇是大学同学，孙宇内敛沉稳，是慢性子，而言妍则心直口快，是个急性子。言妍看中的就是孙宇的踏实、稳重，所以孙宇追求她没多久，他们就在一起了。谈恋爱后，言妍才发现男友身上有太多让她不满意的地方。男友很不爱干净，并且做事很拖拉，有时约好了 7 点去看电影，他 7 点半才慢悠悠地跑来。为了这个，她不知和男友吵过多少次，可每次吵完没多久男友又依然如故。好几次，言妍都想放弃。可是，除了这些，男友别的方面都很好，对她也很细心，什么事都依着她。所以言妍相信，如果两个人真心相爱，是会为对方作改变的。于是，她想到了“男友改造计划”。不是说温柔是对男人最厉害的武器吗？于是，每次当男友约会迟到的时候，她就撒着娇说已经等他很久了，并且一个人站在等候的地方很害怕……还有每次男友工作方面拖拉的时候，她也极尽温柔地提醒他。慢慢地，经过言妍的细心改造，男友也被她的急性子感染了，做事也不像以前那样拖拉了，并且不爱干净的毛病也在她的“调教”下改变了很多。

从言妍改造男友的经验，我们可以看出，要想改造男友，切记要有耐心、有分寸，以柔克刚，缓慢渗透，对他的小进步要及时鼓励，对他的大自尊要小心维护，要相信好男人是可以改造出来的。

这个道理同样也适用于婚姻中，有技巧地“管理”对方的缺点，在潜移默化中，缺点也会变成优点。

没有边界的关系，分不清孰对孰错

关于夫妻之间的争吵，普遍认为这是一件正常的事情——哪能没有马勺碰锅边的事？甚至还有人认为：打是亲，骂是爱，不打不骂是祸害。

十全十美的婚姻不是没有，只是极少，所以身处婚姻中的男女没有必要将生活中的吵架当成一件多么了不得的事情，甚至因此认为你们的婚姻进入危机，应以一颗平常心对待彼此的分歧和争吵。要知道，和谐的婚姻，并不在于两个人完全没有争吵，而在于争吵发生后，彼此如何处理与面对，这是婚姻生活中很重要的一门学问。

聪明的人在处理夫妻吵架时，不会“较真”，而是会用些小计策，平息双方的怒火，言归于好。一般而言，夫妻之间争吵时应遵循以下 3 个原则：

1. 在争吵时先调整心情，再处理事情

夫妻吵架往往不在于是谁的对错，而在于双方的心情好坏。心情好，能把坏事看成好事；心情不好，能把好事看成坏事。一些夫妻往往把对方的优点、长处忽略不计，或看作理所当然，而斤斤计较对方的缺点、毛病，总是将这些看在眼里、烦在心里，就会挑剔、指责不断，吵架不止。夫妻间如果一方长期被挑剔、被否定、被指责，一定会感到不快，导致心情沮

丧，夫妻吵架就在所难免，而且会由小吵到大吵，由善意转变成恶意。

2. 夫妻争吵时不求胜利，只求沟通

夫妻吵架不必争谁输谁赢，只要在吵架中把自己心中的不满“吵”给对方就够了。有时大家说，吵架是一种强烈的沟通形式，因为通过吵架，即使对方没有完全接受你的观点、想法或意见，也已起到了交流感受、想法、意见的作用。尽管吵架是一种被动的沟通，但是，它比夫妻间有气不发出来而闷在心里要好得多。

3. 不要企图改变对方，而要先努力改变自己

夫妻在一起共同生活，但是二人的兴趣、爱好、性格以及思维模式和行为习惯很少有完全相同的，所以，各自对待生活的态度、处理事情的思想和方法也会有很多不同之处。恩爱夫妻的共同特点就是，都能互相包容和顺应，而不企图抹杀或改变，更不企图把自己的兴趣、爱好、思维模式及行为习惯强加给对方。

夫妻吵架为的是沟通的另一个方面，即“不讲道理”才是真道理。因为夫妻吵架，很少是由原则问题引起的，不必较真。如果凡事都较真，非要争出个谁对谁错的道理来，那“较真”本身就已经错了。

夫妻吵架时，彼此都处在不冷静的状态，脑子一热，什么事都干得出来，什么话也都说得出来。双方却不愿意去考虑：有些事做了，有些话说了，也许是自讨没趣，也许会无法收场，也许会给对方的心灵造成永远无法弥补的创伤。

在夫妻吵架的过程中，有一些话属于争吵中的“忌语”。比如：窝囊废(真没用)；跟你结婚真是倒了八辈子霉；人家好，你就跟人家过去吧；当初我真是瞎了眼，竟然嫁给你；要不是看在孩子的分上，告诉你，我早和你离婚了，我一分钟都不想在你们家多待，等等。这些话最容易伤害夫妻之间的感情。如果你希望自己的爱情能够天长地久，夫妻能够白头偕老，

不管怎样生气与动怒，都不能将这样的话说出口。

夫妻是伙伴，不是上下级

平等是一种态度，一种心理状态，是伴侣之间的了解。夫妇之间如果能像朋友那样一起工作、游玩和成长，共同分担两个人的责任、报酬和权利，帮助对方追求自我意识，同时又因为共同的给予、分享、信任和互爱而合为一体，达到上述所说的这样平等的关系，才能形成夫妻间新的结合关系，才能超乎单纯的"成对结合"，成为真正的伴侣。

行为科学家雷密博士认为"成对结合"是两个人平等开放的关系，有发展个人的自由。他们是朋友，也是爱侣，共同思想、共同感觉，互相评价却又共同享受，他们之间的爱是建立在无条件地承认对方平等地位的基础上的。

当男女双方在感觉及个人发展上完全平等，并成为伴侣后，两人之间的结合才是发自内心的，不再受旧合约的束缚，是真正的结合，而不是枷锁。

杨茜和王鹏是一对年轻夫妇，他们之间的爱是无条件的，是平等的。王鹏对朋友说："杨茜和我平等，是一个人，一个成人。在做男人的决定时，比方说我的职业，一般认为那是男人的特权，但我也会征求她的意见。因为我尊重她，她的意见对我十分重要。她有她不同的，甚至可以说比较公正的看法。大多数的事情我们都共同商量决定。究竟什么是男人的决定？决定就是决定，不管是谁做的。为什么不两个人一起商量决定呢？"

王鹏和杨茜都在外面工作。王鹏是职业摄影家，而杨茜自己开了一家商店，专卖外国精巧的小玩意儿。两人都生活忙碌，在城里不同的地方工作。有时会因生意上的需要到外地去，或远到国外订货。提到这种共同生活的充实感时，王鹏说："我认为平等关系的真正好处是，开放一道门户，朝向更充实、更富创造性、获益更大的生活。"杨茜补充道："但不只一道门，是两道。如果女人有自己的事业，就有两条路，两种发展个人的机会。男人不一定永远做火车头，女人也不一定永远是挂在后头的车厢，永远仰赖男人的推动力。"

很显然，王鹏和杨茜已经摒除旧式男女刻板的角色，能够意见一致地做决定。因为随着平等而来的就是一致。当两个人一致的时候，或地位和个人发展平等的时候，就无所谓"服从"了，意见可以彼此自由沟通。如果有人高你一等（比方说是职位上），有意见时你就会犹豫不敢说，就会压制下来。他渐渐不再高人一等了，因为他不能把思想、经验和他人沟通，只是停留在自己狭隘的见识里。有了平等，由于相互的尊重和讨论使双方有更好的解决问题的能力，不是由交易来的，目标的达成和问题的解决成为两个人共同的努力，而不是相互的冲突。

夫妻两人都能够走出那道门，开始过新的生活。不管在任何地方，也不论他们的创造能力如何，他们彼此之间都是平等的，不互相依赖、不彼此束缚。因为彼此开放、平等，他们能不断共同创造自己的世界——完全属于他们自己的生活方式。

平等建立在做人之上，建立在个人自我的体认上，这是经由双方允许，对方保有独处、开放的交往和免于固定角色的束缚而发展起来的。导向开放的婚姻是指相互交织的形成，它带来的满足源源不断，因为这些指引相互交织，在某一方面的进步必然连带使另一方面也有所进步。如果一方的自我感觉加强，就更容易承认双方的平等，而抛开封闭婚姻不平等的权势观念。

夫妻交流，避开4个误区

俗话说，良言一句三冬暖，恶语伤人六月寒。在社会上的人际交往中是这样，在家庭成员的相处中也是如此。遗憾的是，现实生活中，不少夫妻在语言交流的问题上还存在着一些不正确的看法，生活在误区中。

总体来说，夫妻在平时的交流中，应避开以下4个误区：

误区一　夫妻之间的语言交流，仅限于谈家事，而不谈单位的事

这些夫妻认为，夫妻之间的交流就应该是夫妻之间的事、家庭的事，而不应该谈及家庭之外的事。他们觉得，和对方谈自己单位的事没有必要，说不定还会惹麻烦。对方不在自己的单位工作，因而对自己单位的情况不了解，要向对方讲清一件事并不容易，还是不说的好。

这种看法似乎有道理，但仔细分析一下就会发现这样是不对的。我们爱一个人是爱他的人格、智慧、才能，等等，没有全面的了解，怎么会有全面的爱呢?

相互间谈谈单位的事，谈谈自己对这些事的看法，交流一下工作心得，这本身就是一种学习、一种研讨、一种提高。有高兴的事，说出来共同分享；有不顺心的事，说出来请对方帮助指点，诉说衷肠，减轻压力和烦恼。这本来就是夫妻间相互支持、相互信任的体现。

误区二　结婚就是两个人在一起过，没有什么好交流的，话说多了就是在浪费时间

这类夫妻认为，结了婚，双方的关系已经牢固，就不需要再花太多的时间来谈情说爱和交流思想了。事实上，夫妻之间的感情并不是固定不变的，而是经常变化的。因为，任何感情都是时间和具体条件的产物，不存在永恒不变的情感，夫妻之间只有不断地创造情感生活的新内容、新形式，才能保持爱情之树常青。而语言交流，就是创造的重要内容和形式。

夫妻间没有了交流，便没有了理解，没有理解便没有共识，更难有相互的忠诚和支持，所谓的“海枯石烂、天长地久”便很难实现。回到家少说话或不说话，夫妻之间就是一起吃饭、睡觉，这样的夫妻生活，怎会有高质量？怎会不令人感到乏味？

误区三　既然结婚了，就是一家人，说话就不用再谨慎了

在谈恋爱时，年轻人很注意自己的语言表达，包括有声的和无声的，有形的和无形的，说话总是“想着讲”，生怕自己的话讲得不得体使对方不愉快。“想着讲”就是对方怎么愉快，自己就怎么讲。可以说，甜蜜的爱情，是通过对自己语言和行动的自觉限制而实现的，倘若没有限制，既没有爱情，也没有甜蜜。

于是，结婚之后，他们便认为大功告成了，该松口气了，说话不再讲究艺术和技巧，而是变得放任自流、无所禁忌。例如，谈恋爱时，他说：“亲爱的，请把门关上好吗？”而结婚后，他却说：“喂，关门！”特别“简洁”，不愿多说一个字，还带着一种令人不愉快的语气。

这样一来，原先爱情的甜蜜，便让位给了不愉快的信息刺激，家庭的矛盾、婚姻的裂缝自然也就产生了。如果不及时调整、修正，婚姻就会向更坏的方向发展，直至离婚。

大量的事实表明，婚后不注意语言交流艺术，不创造语言交流的形式，是绝大多数家庭成员之间产生误会、矛盾，以致反目的极其重要的原因之一。

误区四　夫妻之间没有什么好顾忌的，什么都可以谈，而且越多越好

按理说，夫妻之间确实没有什么顾忌的，应该是什么都可以谈的。因为既然真诚相爱，就应该明白实在，有什么话就痛痛快快说出来，不必吞吞吐吐，瞻前顾后。

但是，事情并非真是这样。因为信口开河讲些没根据的话，或口不择言讲些不在理的话都会给“爱情”罩上一层阴影。

夫妻之间，大事小事、家事外事，最好多商量，避免风险，减少损失，让对方有“同呼吸、共命运”的感觉。这样，婚姻才能和谐、长久。

婚姻是 0.5+0.5=1

传统观念认为，婚姻是两个个体走到了一起。可是如今大都市中的男男女女都崇尚个性和自由，都有自己的想法和追求，这样个性独立的两个人走在一起，必然就会有各种各样的冲突。不和就分手，闪婚的背后是闪离。于是，越是大都市，分手概率就越高，离婚率也越高。所以，如果想把婚姻维系下去，每个个体都需要消掉一半的个性，两个 0.5 相加才等于一段婚姻。

像《爱情呼叫转移》里一样，因为挤牙膏没有从根部挤就吵架闹离婚的事情并不在少数。生活中，因为作息时间不一样、饮食口味不一样等各种各样的原因最后闹到分手，甚至离婚的事情数不胜数。记得以前在《青年文摘》上看到过一篇文章，说一个男孩喜欢上了一个女孩，初次见面很紧张，女孩并无意于他，他为了缓解气氛，就对服务员说：“麻烦在咖啡里加些盐。”这让女孩惊讶不已，想和他继续交往下去，让彼此多一些了解。后来两人终于结婚了。很多年后，男的临终前告诉她：“原谅我一直都在欺骗你，还记得第一次请你喝咖啡吗？当时气氛差极了，我很难受，也很紧张，不知怎么想的，竟然对服务员说拿些盐来，其实我喝咖啡不加盐的，但当时既然说出来了，只好将错就错了。没想到这竟然引起了你的好奇心，这一下，让我喝了半辈子加盐的咖啡。有很多次，我都想告诉你，可我怕你会生气，更怕你会因此离开我。”日常生活中，许多情侣或夫妻之间可能会因为去哪家餐厅吃饭或买哪个牌子的家具而大吵大闹，而却少有人因为想维系感情和婚姻撒了一辈子的谎、喝了一辈子加盐的咖啡。

婚姻里有一种说法是“对立养人”。意思是说两个截然不同的人，因为互相被对方吸引而走在一起反而会使感情更稳固，而两个看似有共同爱好的人，比如都是某个行业的设计师，却反而更容易因为设计理念不同而分道扬镳。因为如果两个人都太有棱角，就如同两只刺猬，只能相望不能相互拥抱，因为会被对方身上的刺所伤。

有一个古老的传说，说很久以前，世界上的人是两个脑袋、四只手、四条腿的，后来上天把他一分为二，于是后来的人就开始寻觅自己的另一半。这个传说和婚姻中的“0.5+0.5=1”有着异曲同工之妙。

曾听到一个成功的女性说过这样的话，颇有道理，这个世界上，有两类人：一类是制定规则的人，另一类是服从规则的人，通常两个制定规则的人在一起是没法生活的。你看看你周围单身的人，是不是都是很有个性的人，是不是都不愿妥协或牺牲呢？

通常，我们会因为彼此的锋芒而相互吸引，却也会因为彼此的锋芒而受到伤害。从个性开始，也从个性结束。如果想要维系一段感情，你是否愿意削掉一半的自己呢？也许这就是爱情的牺牲、婚姻的代价。

所以，当你做好准备走上红毯那一端的时候，就意味着你要去除你一半的个性。因为婚姻是“0.5+0.5=1”。

婚姻要坚持“半糖主义”

“我要对爱坚持半糖主义，永远让你觉得意犹未尽，若有似无的甜才不会觉得腻。我要对爱坚持半糖主义，真心不用天天黏在一起，爱得来不易要留一点空隙，彼此才能呼吸。”S.H.E 在歌声中宣告新时代感情的“半糖主义”。

爱有时候就是这么没道理，爱人分别太久，会担心对方是否不够爱自己；两个人黏得太紧，却印证了一句话“爱得太用力，爱就燃烧得太快”。半糖主义代表的是一种健康的生活态度，太苦的日子会使人沮丧失望；过甜的日子容易让人不识甜为何物，不懂珍惜。也许生命的最佳状态就是不回避烦恼与苦难，并学会给自己的日子加半勺糖，在若有若无间体味生活中的香甜，领悟甘苦参半的人生真谛。

陶岚和向娟是大学同学，志趣相投的两人一见面就“气味相投”，成了好姐妹。到大二的时候，两人都有了自己的男朋友。关于如何对待爱情，她们失去了以往的默契，陶岚认为对待爱情应该采取“蜜糖主义”，这样才能让爱情更加甜蜜；而向娟的想法不同，她认为“半糖主义”的爱情才更能让恋爱双方懂得珍惜彼此。然而，两人各执己见，谁也没有说服谁。

在爱情中，陶岚誓将“蜜糖主义”进行到底，除了上课、睡觉，她每天都和男友在一起，真是一对如胶似漆的甜蜜恋人。不久，陶岚认为每天和男友相聚的时间太少，难以慰藉两人的相思之苦，于是她和男友就“以身试法”地在校外租了一间小屋，过起了两人的小日子。不仅如此，陶岚考虑到男人的面子，还把经济大权都交于男友之手，将每个月家里给的所有生活费都交给男友掌管。每天男友会给她“发放”像早餐这样的日常必需消费款，其他就算是想买点零食这样的支出都要向男友申请。他们这样甜蜜幸福的小日子让其他人羡慕不已。

然而，这段同居生活却并非如表面那样幸福，每天生活在一起，彼此的缺点逐渐显现，矛盾滋生，争吵时有发生，“分手”二字更是时常被陶岚和男友挂在口上，两人分分合合多次，让彼此饱受伤害。最终，疲惫不堪的两人选择了分手。

另一边，向娟的爱情观是坚定的“半糖主义”，她不会把自己所有的时间都花费在爱情上，一日三餐，她只有晚饭是陪男友一块吃的，饭后两人一起去上晚自习，共同探讨学习中的问题。就连周末，她也一半时间给男友，另一半时间安排自己和同学、朋友去逛街，让男友去和他自己的朋友玩耍，两人相聚后还可以讲述彼此遇到的有趣的事情。这段爱情并没有因为距离而产生隔阂，反而更显甜蜜。大学毕业一年后，男友就像向娟求婚，让向娟做了他美丽的新娘。

陶岚的“蜜糖主义”让爱情落了空，而向娟的“半糖主义”却为自己赢来了幸福的婚姻。“半糖主义”作为一种理性的爱情观，它反对全糖式的爱情，认为过分如胶似漆，没有距离和神秘感，也正是现代很多爱情不能长久存在的原因。

当两个人相爱的时候，并不是要形影不离，如胶似漆，“一日不见，如隔三秋”，爱情就是生活的全部。但婚姻不是一朝一夕的事情，总有一天，我们会感到累和倦，无法再保持当初的那份激情，只有细水长流的婚姻才能天长地久。

人们经常说：距离产生美。彼此间有一点距离的张力，才能营造出一种朦胧之美，才能将两人的心拴得更紧。距离美要求我们对爱坚持“半糖主义”，双方注意保持一定的距离，给彼此留出空间和自由，这样的爱才会持久，才不至令人厌倦。就像一杯白开水，如果不放糖，水就会平淡无味；全糖，又过于浓甜；半糖，不甜不淡，刚刚好。

边界感，幸福婚姻的保险栓

婚姻不是爱情的坟墓，往往婚姻里真爱的发生更为真挚和感人。只不过，它掩藏得比较深，需要我们用心才能看到。

两只羊同时要过一座独木桥。窄小的独木桥上，只允许一只羊过去。

就这样，两只羊在桥中间相遇，谁也不肯让步。它们角对着角，为了过桥而打起来，结果它们一起落到桥下的急流里，丧了性命。

婚姻就像是过独木桥，夫妻两人开始时是朝着同一个方向前行，但在一起生活的时间长了，摩擦和冲突让他们变成了相反方向的两只羊。我们总是习惯性地把问题归咎于对方，指责对方没有尽到应尽的义务，从而互不相让，争吵不休，像羊一样角力。记得有一句话说："家不是讲理的地方。"如果你希望自己的婚姻有个美满的结局，就在你们争吵的时候，想一想两只羊掉下急流的命运吧。

只有各自退让一步，我们的婚姻才能前进一步！

在日本有一个叫作甘卡的小村庄，那里有一块著名的礁石叫作"离婚岩"。当夫妻双方发生争吵，一段婚姻发生触礁时，村里的人就会将这对夫妇送到礁石上去。

离婚岩，是海边一个难以接近的小熔岩丘，远远望去那只是一个小黑点。村民用船将这对夫妇载往离婚岩，并只留下一条毯子，让他们在这里过上一夜。

夫妻俩是怎样度过的并不重要，重要的是，每当第二天早晨村里的独木舟划向离婚岩来接他们时，他们都会相拥着向人们挥手——一个固执的妻子和一个不懂温柔体贴的丈夫在这儿坐过一夜后，所有白热化的争执都会冷却下来，一段触礁的爱情，又可以再次扬帆了。因为经过一夜的冷静相处，两个人已和好如初了。

夫妻长年生活在一起，在一些日常杂事上发生矛盾也是不可避免的。有了矛盾，很容易引起争吵。夫妻争吵虽然是生活中常有的事，但如果不妥善处理，就会伤害夫妻感情，给家庭生活蒙上阴影。

如果每一对夫妻少说赌气绝情的话，多做宽容退让的事，那么家庭的港湾就一定能够风平浪静，温馨宜人。即使遇到让人生气，一时接受不了的事，也一定要保持冷静。冷静了，时间就会将愤怒慢慢融化；忍让了，豁达大度自会让对方余怒尽消。

鲁迅和许广平是一对恩爱夫妻，感情很好，但有时也免不了要吵上几句，争吵后相互不理不睬，又感到很别扭。最后常常是鲁迅叹一口气说："唉，总怪我这个人性情急躁，脾气不好。"许广平一听，怒气全消了，便对鲁迅笑着说："都看在你曾经是我老师的分上，否则，我真不答应呢！"于是，双方心中的不快、家庭的矛盾就都烟消云散了。

一个和谐的家庭，应该是建立在相互退让的基础上，如果没有退让，家庭矛盾很快就会被激化。退让，是需要智慧和勇气的，退一步，矛盾就会得到缓解，家庭就会更和气。当自己的家庭气氛充满着"战争味"的时候，应勇敢地做出自我退让，这样才能把自己的家庭经营成为和谐之家。

有个女人婚后不久常和丈夫闹别扭。夫妻两人一直战火不断，每次闹矛盾时他们各不相让，彼此指责对方的不是。家庭生活因一些琐事蒙上了不幸福的阴影。

一个周末，夫妻两人又开战了，之后，妻子找到一位心理咨询师，向她诉说了婚后的不愉快。她问咨询师今后自己该怎么办？听了女人的诉说，咨询师没有直接回答她的问题，而是给她出了一道"脑筋急转弯"：一辆装满货物的大卡车要通过一个桥洞，因货物高出桥洞几厘米而无法通过。请问在不卸货的情况下，怎样才能使卡车顺利通过桥洞？听了这个问题，妻子左思右想不得其解。最后那位咨询师说："给汽车轮胎放点儿气，让汽车矮下几厘米，不就通过了！"咨询师说："你对婚姻、对丈夫的要求是不是太高了？适当的时候需要放放气，让婚姻这辆车顺利通过。"咨询师的提醒使这位妻子恍然大悟。

此后，她学会了宽容、忍让与尊重，没再和丈夫闹过矛盾，他们一直过得很幸福。

仔细想想，婚姻就像一辆车，负载着整个家庭的希望。负重前行时我们要学会充气，使其一路平安，奔向幸福的前方站点，当遭遇“桥梁隧道”不得不低头时，我们也要学会放气。

婚姻如车，合拍的车轮无论遇到多少艰难险阻，也能奏出悦耳的旋律；婚姻如车，不会充（放）气的驾驶员，即便有再高超的水平，无论行驶在多么平坦的道路，都很难保证这辆车畅行无阻，留下幸福的车辙。

失去边界感，再好的关系也会崩溃

苛求完美，等于走向幸福的反面

婚姻是美好的，但也永远不可能完美。

在这个地球上，十全十美的事是不存在的，完美只是人们的一个目标、一个方向和一个憧憬，却不应该成为一个人的终极追求。

追求完美也许本身并没有错，可是如果追求得过分，反倒会变得不完美。就像一个有洁癖的人，他要求自身与周围环境每时每刻都干净，但他却无法做到，我们自身和环境都无法保持每时每刻的干净，强求做不到的，只会自寻烦恼。婚姻里的男女也是如此，如果我们一味地追求爱情的完美境界，恐怕只会让我们每天都生活在痛苦的折磨中。

崇尚完美婚姻的人很多，她们对对方的要求很严格，有股不达完美誓不罢休的劲头。可是往往到了最后，这些完美主义的追求者却一个个都变得心灰意懒、失望透顶。道理很简单，任何人都不可能完美，由不完美的人组成的婚姻也就无法完美，因此，一个追求完美婚姻的人，在一开始就给自己编织了一个根本不可能实现的梦。

林肯一生最大的悲剧在于他的婚姻。当布斯向他放枪时，他并未感觉到自己已受伤——但他几乎每天都生活在婚姻生活的痛苦深渊。

他的朋友合顿形容，林肯在23年内都处在“婚姻不幸所造成的痛苦”中。“婚姻不幸”还是很缓和的说法，几乎一个世纪的四分之一时间内，林肯都是在他夫人的讽刺、批评中度过的。

她认为林肯身上没有一处是好的，实在太不完美——他驼背，走路的样子很难看，呆板得就像印第安人。她说他脚步没有弹性，动作不斯文，甚至还模仿林肯的那副模样，喋喋不休地要改变他走路的姿势。她不爱看他两只大耳朵和成直角的头型，甚至指责自己丈夫的鼻子不够挺直，又说他的下嘴唇突出，手脚太大脑袋又生得太小，她骂他是个痨病鬼。

总之，林肯的妻子挑剔林肯的一切，她对这场婚姻好像很不满意，总认为一切都不如意。

然而，所有的责骂、批评改变林肯了吗？——从某方面来说，是的。她使林肯改变了对她的态度，使林肯懊恼自己不幸的婚姻，同时尽量躲避不见到她。他甚至害怕回家，并且花大量的时间待在他乡。他年年如此，住宿在镇上小旅店的生活并不是很舒服的事，即使如此，他也宁愿独自待在那里，而不想回家去听妻子不断挑剔的刺耳的声音。

如果把生活过成这样，简直就是一个悲哀。林肯是多少人心目中的大英雄，许多人仰慕他的才华，欣赏他的为人，爱都来不及，然而，他的妻子却太过于苛求完美，而导致悔恨终生。

世界上没有完美的人和事，我们不必去苛求完美。婚姻里没有完美，只有包容和磨合。完美是个陷阱，只会让自己不快乐。

步入婚姻殿堂的夫妻之间最需要的是“包容”。包容是土地接受天空的雨水，也接受它的冰霜雨雪；天空接受土地的水分，也接受它的缕缕炊烟。怀着包容的心走进对方，“臭毛病”的背后也会产生出可爱的故事；反之，亦然。

我们承认了婚姻的不完美，也要学会接受婚姻的不完美。古语说：“金无足赤，人无完人。”所以，每个步入婚姻中的人，要能完完整整地接纳自己的爱人，接受爱人所有的优点，也接受爱人所有的缺点。

既然世间找不到一个十全十美的男人和女人，似乎也就没有了“换人”的必要性。那么又该如何面对“有问题”的男人或女人呢?

在我们身边，有很多人总在抱怨另一半的种种不是，殊不知，这样做，我们自己不快乐，也给了对方很多压力。心理专家说，那些悲观的人，往往认为自己的生活中到处都是问题，而那些乐观的人，总能发现生活中的美好。如果妻子理解丈夫给她端来洗脚水、笨手笨脚地为她按摩，是源于一份深深的爱时，那么她就不会抱怨丈夫了，因为每个人表达感情的方式不同，有人喜欢用语言，有人喜欢用行动。

追求完美婚姻的人会因为始终达不到自己的目标而感到失望，失望的人会变得消沉、焦躁，无端生出对生命的抱怨，这些坏情绪将更加影响夫妻间的感情，感情生活只会越来越糟糕。这是一种可怕的恶性循环。因此，对于那些追求完美的人来说，培养一种“不完美主义”就显得极为重要了。

当我们能够学会在不完美的婚姻中寻找到相对完美，那么我们也就领悟到了婚姻的真谛，“执子之手，与子偕老”的概率也就更大了。

托付心态的爱是毒药

当你依赖的时候，你就会因为担心失去而恐惧，当你恐惧时，你就会委屈自我来迎合对方，而当你失去自我，对方的爱也就土崩瓦解。为什么？你已经不是你了，对方的爱哪里还有附着的对象？爱情遵循平等原则，要求双方能为彼此带来直接或者间接的好处，比如关注、爱、金钱等。爱情的维系需要实现索取和回报的动态平衡，同时要求在爱的关系中保持自我，达到“我”和“我们”的平衡。任何一个平衡被破坏，爱情关系都不能长久。

因此，托付心态非常危险，是爱情的毒药。既然爱情遵循平等原则，女性就要保证自己有足够的吸引力，比如智慧、独特的思想、独特的气质等来交换。当年轻的你与钻石王老五在一起的时候，你们之间会有巨大的鸿沟，你需要迅速成熟来获取与对方相当的社会经验，这可能会让你感到压抑、委屈甚至折磨。因此，经营自己的能力更重要。在失恋之后，保护好爱的能力，给前面爱你的人。当我们能把握自我的时候，两个人的关系才能更好。时刻保持察觉，维护爱情，保持自我，这样，才不会输得很惨。

与其嫁个有钱人，还不如寻找潜力股，找个同龄的男孩子一起成长，共同经历、共同见证彼此从稚嫩到成熟的漫长过程，这个经历很宝贵。也许你会担心，等到你的潜力股变成绩优股，你就变成垃圾股，这其实是一种对未来不确定的过度恐惧，不仅表现在爱情和婚姻中，也表现在生活的其他方面，但是反过来这也可以成为我们更好的发展和关爱自己的动力，只有积极地维护好今天，享受今天，才会迎来更好的明天。

我们的物质生活越来越好了，但是年轻人却越来越不愿意吃苦了，把吃苦等同于消极，等同于受罪。在选择职业的时候，总是担心选择失误，往往因此错失很多机会。工作是这样，爱情也是这样。其实，即使选择错了，经历了失败的痛苦，你才能明白自己真正想要的是什么，也更能积聚坚持的毅力。选择中遇到的困难和风险是推动前进的动力，是成长的机缘。先有行动，才有机会，行动会带来更多的机会和可能性。

未来取决于今日，幸福总有一种可能。

爱与牺牲，并非并列关系

有时候，即使深信跟适合的人在一起可以获得幸福、可以长久的情况下，人们依然可能变得不开心，主要原因可能是来自对伴侣、孩子或是婚姻的责任感。他们错误地相信“牺牲是一种美德”，但他们忽略了一个要点，那就是，如果只是为了别人而维持的话，迟早会只剩下挫败与不幸福。开始时也许不觉得，但慢慢地就会发现自己的快乐、意义是被伴侣剥夺了。再往下走，就会觉得与这个人在一起是迫不得已而不是心甘情愿的。这样的态度会慢慢影响到对方，以致最终对感情绝望，不再有快乐和意义。

就算在双方深爱的情况下，如果把牺牲和爱并列，认为牺牲越大爱得越深的话，幸福也一样会受到影响。

要知道，对方需要你为他（她）付出时，无论金钱、时间还是感情，这并不是一种牺牲；当我们爱一个人时，我们会感觉，帮他（她）也就是在帮自己。像纳斯尼尔布兰登所提到的：“为他人付出是为了让自己生活得更好，这是爱情的重要组成部分。”

这里所说的牺牲是指一个人放弃自己的幸福，比方说，妻子为了能配合先生海外的工作而放弃一个她深爱、别处无法找到的工作，这就是牺牲。由于这个工作对她有核心价值的意义，是让她有使命感的工作，所以放弃它等于危害自己的幸福。同一情况下，如果妻子只是请一星期的假，来帮她先生完成任务的话，则不算牺牲，因为她并没有放弃任何核心价值的东西，所以也就不会伤害到自己的幸福。再者，由于她和他的幸福是绑在一起的，当其中一个人幸福时，另一个人也会幸福，甚至更快乐，所以帮助他也就是在帮助自己。

当我们很难分辨一个做法到底是牺牲还是有助于双方的成长时，唯一的办法就是在感情中，以双方的幸福为标准去衡量一切行为。

两人的关系其实就是一种至高财富——幸福的交易。就像所有的交易一样，在双方都获益的情况下才是一个成功的交易。当其中一人在至高财富上受损时，当他不断地付出让另一个人得到更多时，结果就会使两人不幸福。为了能让这个交易成功，我们必须确定双方所得到的是平等的。

心理学家伊莱恩·哈特菲尔德专攻情感方面的心理问题，在她的研究报告里指出：人们在情感中不喜欢“占便宜”，也不喜欢“吃亏”；当两人觉得感情公平时，两人都会比较满足，而且关系也比较容易维持下去。这并不代表两人需要钱赚得一样多；在这里，平衡点不是用几元几角钱来衡量，而是用至高财富来衡量。当然，在任何感情里，一些妥协是无法避免的，有时候为了另一半，一些付出也是必然的，但从整体来说，这段关系必须为双方带来幸福——两人必须在结合后过得更幸福。

婚姻中为何总是“遇人不淑”

当结束一段感情的时候，我们常常会抱怨自己为何总是遇人不淑，可是，却没有人会从自己身上寻找原因。

在许多童话故事中经常可以看到这样的情节：公主和王子相恋了，然后结了婚，接下来是“从此以后，他们就过着幸福快乐的生活”了。然而，现实生活并非如此，在现实生活中我们的家庭是需要“经营”的，而且需要用心经营，否则便没有幸福可言。

江天和方惠是通过自由恋爱认识的，后来“有情人终成眷属”。但是却没有像童话故事那般，从此过上了快乐和幸福的生活。结婚多年，方惠对家庭中那“一地鸡毛，诲人不倦”可真是深有感触。结了婚，不知怎么会有那么多的事情要做，有那么多的琐碎要打理，而江天身上更是突然间冒出了许多毛病，让她应接不暇。方惠本是满腔热情，心怀憧憬地投入到小家庭建设当中的，可是丈夫经常出现的一些“小打小闹”却给她当头泼了一盆凉水，浇熄了她的热情，浇灭了她的憧憬。

丈夫在外面堪称帅哥白领，西服笔挺，头光颈靓。可回到家里却原形毕露，穿着短裤，光着膀子，甚至一天都不梳头、不洗脸。他会把烟灰弹得到处都是，衣物随地乱放。他会上厕所不冲水就立即奔到电视机前观看球赛或上网冲浪。他每次看书写文章时，总是把书和纸摊得满屋都是，把原本整洁的房间弄得乱七八糟，让她看到就心烦。好心为他收拾以后，反而引起他的不满，不是哪页纸丢了就是哪本书不见了，总要和她争得面红耳赤。他睡觉时梦话连篇，有时还会“夜半歌声”。有一回睡到半夜，江天不知道梦见了什么暴力事件，突然抬腿踹了方惠一脚，差点儿把她踹到床下。这件件桩桩，真是和他有数不完的气要生。

那天，方惠买了一捆葱回家，本来是想留作葱花用的。可是江天倒好，还没等晚饭出锅，那一捆葱已经被他蘸着大酱吃起来了，他嘴里的那个味道别提多冲了。晚上两个人躺在床上时，他竟还笑嘻嘻地凑了过来，非要搂着她亲热，气得她一把将他推开，跑到客厅里睡去了。

而江天对妻子也是有一肚子的不满，特别是对妻子每次出门时都拖拖拉拉、磨磨蹭蹭的做法很有意见。虽然嘴上没说，心中却老大不舒服，总想找机会刺激妻子一下，消消积怨。

有一天晚上，江天买好了妻子最喜欢的音乐会门票，兴冲冲地赶到家里时，方惠正在做晚饭。江天一进门就嚷：“快，快，晚饭快别做了，快换好衣服上路。这是你最喜欢的，应该快点了，否则来不及。”方惠听到丈夫把“你最喜欢的”说得特别响，把“应该”与“快”强调得非常突出，感到很不自然，他没吭一声，继续做饭。

“嗨，你怎么了，想不想去啊？！”江天看到她不为所动，不由得有点儿急了。“不想。”方惠冷冷地、轻轻地回答。

这下可惹怒了江天，他满心不平，为了她，他下班后就急急忙忙赶到音乐厅买票，人多极了，自己花了九牛二虎之力才买到了两张，又怕误时，打了出租车赶回来，到门口时还差点儿摔了一个跟头，结果落了个费力不讨好，真倒霉！江天一怒之下，当着妻子的面把门票撕了，丢进了垃圾桶，独自回房看书了。

在这之后，类似的矛盾不断发生，而江天和方惠都没有及时想办法解决，最终导致了他们婚姻的解体。

夫妻关系是一个家庭的基础关系，也可以称得上是家庭关系中最微妙也最难处理的一种关系。两个原本陌生、没有任何渊源的人，只因情投意合，便共同构筑了一个家庭的城堡，心甘情愿地将自己禁锢在了围城之内。可是，两个人毕竟来自不同的环境，拥有不同的背景，要长期地生活在一起，自然会产生许多摩擦与碰撞，引起各种矛盾与冲突。所以，夫妻间有一段不合拍的过程是正常的，为生活琐事吵几句嘴、小打小闹是不可避免的。这时应该学会忍耐，不要互相埋怨、数落对方的不是。当双方发生冲突和摩擦时，要设身处地地为对方着想，避免自己在情绪恶劣的状态下，做出伤害对方的事情来。

其实，在现实生活中，我们很容易给爱人套上自己想象的帽子，单方面地认为对方应该怎么样、不应该怎么样，然而，我们内心的标准常常只是无端地猜测而已。所以，你应该爱你看上对方的那一点，对于不喜欢的方面，要多给予宽容和理解。夫妻在家庭中的地位是平等的，无论是在经济上还是在心理情感方面，都应如此，没有谁理所当然地高出对方一等。

相爱的夫妻间，无论哪一个人都不应盛气凌人地指责对方，而是应该在心理上互相接纳，在生活习性上彼此宽容。即使双方性格迥然，情趣相异，但只要相爱，彼此就会有相当大的相容性。婚姻就像一双鞋子，只有经过一段时间的磨合才能合脚，所以夫妻双方不要怨恨自己找错对象，要明白婚姻真正的含义，才能幸福地相伴到老。

第八章 没有边界感的父母，注定是孩子的灾难

命令只会让孩子反感

“琳琳，你怎么磨磨蹭蹭地不肯起床啊，你必须赶快起床了，否则我们两个都得迟到，我可没有时间等你。快点！”

“快点，马上把牛奶喝了，然后背上书包，咱们马上出发。”

“琳琳，快点去帮妈妈倒杯水。然后，帮妈妈拿张椅子过来。你还在干什么，妈妈的话没听到啊，快点。”

“都放学这么久了还不写作业，快去先完成作业，做完之后才能出去玩。”

琳琳的妈妈是一个家长制意识比较浓厚的母亲，只要她在家，每天都会对琳琳发号施令，她认为对孩子的教育应该从小抓起，任何时候都不能松懈，所以在平时应该体现出威严。正因如此，妈妈经常以命令的口吻对琳琳说话，最常说的就是你必须马上去做、你绝不能这样做等，殊不知，对于她的这种说话方式，琳琳已经非常反感了，她讨厌母亲总用这种命令的方式让她办事，为此经常表现出反感和叛逆的情绪，总喜欢跟妈妈对着干。

现实生活中像琳琳妈妈一样的父母并不少见，这些父母喜欢根据自己的意愿安排孩子的行动，动辄发号施令或是斥责孩子，这是非常不好的。孩子虽然还小，但也有着自己的独立思想和感情，他们更希望按照自己的意愿办事。在他们看来，父母命令式的说话方式，不仅是家长权威的流露，也是双方地位不平等的表现。

所以，在家庭中，父母发号施令的说话方式不仅无法令孩子信服，还很容易激起孩子的叛逆情绪。当面对家长的命令时，孩子有时候会不得已而去执行，但更多的时候则会表现出反感和反抗的情绪。因此，家长如果想让孩子愉快地接受自己的教育，或者让孩子帮忙做一些力所能及的事情，应该避免对孩子发号施令。

火火是个十分爱睡懒觉的学生，每天早上闹钟响了好几遍了他仍然不愿意起床，妈妈因为担心他上学迟到而不得不一次又一次地到他的房间催促他。

“火火，快点起床了，你的闹钟已经响了，还不起来今天又要迟到了。”

“火火，怎么还不起来啊，你看都几点了，你必须马上起来了。”

“嗯，马上。”见妈妈已经叫了好几遍，火火只得答应道，可说完之后，他按掉闹钟，仍然赖在床上不愿意起来。

火火的妈妈见到这状况，禁不住大发雷霆：“你必须马上起来了，马上穿衣服，然后去洗脸刷牙，之后再把桌上的牛奶喝了，必须马上这样做，快点！”

可能父母会觉得，对孩子发号施令是父母的权利，命令孩子做事情也是理所当然。但是，孩子终有一天是要长大的，当他们有了独立自主的意识，就会对父母命令的口气感到很反感，认为父母不尊重自己，也就不愿意听从父母的话。有的父母为了维护自己的面子，更喜欢强迫孩子做某些事情，这样的话，孩子与父母之间会产生对抗，进而影响良好的亲子关系。

教育孩子是要讲究技巧的，而要孩子乖乖听话、服从教育，更需要父母运用智慧，具体来说，在家庭教育中，有一些智慧是父母必须努力掌握的。

首先，在生活中，家长如果要求孩子做某事或者快点行动时，可以试着改变命令式的口吻，而改用商量的口气。因为不管在什么条件下，命令都是不平等的，而商量的口气则会让孩子感受到平等和尊重，才更有利于拉近父母与孩子间的距离，只有这样，孩子才更容易接受父母的教导，按照父母的要求办事。

其次，父母在避免发号施令的同时还可以采取一些灵活的说话方式来增强教育和说话的效果，如父母在要求孩子办事情的时候可以通过讲道理、表扬、鼓励等方式让孩子体会到行动的价值；父母在希望孩子立即行动时可以采用激将法、游戏比赛的方式来激励孩子的行为等。

我们可以改变与孩子沟通的方式，不用命令的口气和孩子说话，多从孩子的角度去思考问题，多听取孩子的意见，并且让孩子平等地参与到事情的决策之中，这样的孩子就会易于接受父母的观点，愿意按照父母的意愿做事情。

训斥应该避开众人，在私下里进行

有不少人可能在大街上看到过这样的场景：一个在前面的“暴走”家长和一个在后面哭闹的孩子，家长不停地训斥，孩子不停地哭。

英国教育家洛克有一句名言：“父母不宣扬子女的过错，则子女对自己的名誉就愈看重，他们觉得自己是有名誉的人，因而会更小心地维护别人对自己的好评；若是当众宣布他们的过失，使其无地自容，他们愈会觉得自己的名誉已经受到了打击，设法维护别人对自己好评的心思也就愈淡薄。”

很多家长很少注意照顾孩子的自尊心，相反，还有一些家长认为，在大庭广众之下教训孩子，可以让孩子加深印象，这样可以避免以后重犯类似的错误。

实际上，当众教育孩子不但会使亲子之间的矛盾公开，而且还会招来周围人的侧目、围观。最为重要的一点，这会给孩子的心灵带来极大的伤害。科学调查显示，那些经常在大庭广众之下被父母训斥的孩子长大以后比其他孩子更容易产生自卑心理，也更容易走上犯罪的道路。

我们都希望别人认可和欣赏自己，这是人的本性，孩子也一样。对于那些自尊心极强的孩子而言，父母当众训斥自己，简直是一种莫大的侮辱，难以接受。

刘洋已经 12 岁了，但是性格内向，不太爱说话，很少和同学交流，平时学习成绩在班里也只能算是中等。

有一次，刘洋的妈妈到学校开家长会，老师告诉她，刘洋的成绩最近有些退步。结果还没等老师说完，刘洋的妈妈就大声呵斥起了刘洋："怎么成绩又退步了，不是回到家一直在看书吗？你怎么就这么笨呢？你说我养你有什么用？"刘洋的同学窃窃私语，刘洋拉了一下妈妈的衣服。

"怎么，还怕人说呀，怕人说你就好好学呀。"刘洋的妈妈还是一个劲地说着，结果刘洋没等妈妈说完，就跑出去了。

从那以后，刘洋变得更加内向，更加不愿意和同学交流，总觉得同学们在对他评头论足，觉得同学们都瞧不起她，学习成绩也是一落千丈。最糟糕的是，从那以后，刘洋开始对妈妈充满怨恨。

有些家长会觉得，在众人面前训斥一下孩子不是什么大不了的事情。但是对孩子来说，这却是天大的事情。他们会很长一段时间处于担心和害怕中，害怕同学们从此用一种异样的眼光看自己，担心自己在同学面前抬不起头。就在这种担心和害怕中，孩子会变得敏感多疑。

还有一些家长，当孩子在公共场合哭闹、提要求时会觉得很没面子，一时心情急躁就会训斥孩子。可事实是，这样不仅没有维护到家长的面子，有时还会适得其反。建议家长能够平静地和孩子沟通，简单说出自己拒绝的理由。实际上，无论多大的孩子都能够明白家长拒绝的话语，家长只需要耐心地告诉孩子就可以了。

“打是亲，骂是爱”是最大的谎言

王洋的爸爸脾气有些暴躁，在教育儿子的时候没什么耐心，动不动就会对孩子大吼大叫，但是王洋并没有因此而服从爸爸的管教，反而变得十分叛逆。有一次，王洋又因为在考试中数学成绩很不理想而遭到了爸爸的训斥和教训。

“爸爸，老师说家长也不能随便打人！”在挨打之后，王洋不满地说。

“谁让你不好好学习，不好好表现呢？考试不好就要挨打！”爸爸大声地吼道。

“你这样做是不对的！”王洋有些气愤地说。

“你是我儿子，我就得好好管你！打是亲，骂是爱，我这样做还不是为了你好！别人我还懒得管呢！”

“我不用你管，你越是这样，我就越不听你的！”王洋边说边哭着跑出了家门。

“打是亲，骂是爱”是中国不少家长信奉的教育理念，而且在现实中，不少父母也都是按照这样的理念去教育孩子的。他们信奉“棍棒底下出孝子”，在教育孩子的时候喜欢训斥和打骂，希望孩子记住“前车之鉴”，王洋爸爸就是这样。

可事实上，这种教育方式收效甚微，多数孩子并不会因为父母的打骂而意识到自己的错误，改正不良行为，反而会因此对父母产生不满情绪。很多父母不以为然，总是觉得这是因为给孩子的教训太轻了，所以孩子才没有记住。

殊不知，这是因为孩子受到了“情绪判断优先定律”的影响。所谓“情绪判断优先定律”，是指当人们遇到问题时，通常会情绪先于理性，先处理情绪之后再处理事情。孩子的理智发展还不健全，几乎完全受到“情绪判断优先定律”的控制，当孩子对父母有不满情绪之后，通常会先记住当时的“恐惧”，而忘了对错误的判断与反省，同时还会因为父母的不理解和不尊重而厌恶父母。这就是很多孩子“屡教不改”的真实原因。

其实，仔细分析这种打骂教育，是存在着很大纰漏的。从表面上看，打骂可以使孩子暂时克制自己不正确的欲望和控制不正确的行为，但是，却并不能从根本上解决问题。弄不好还可能使孩子养成说谎的毛病，变得阳奉阴违。同时，打骂会侵犯孩子人格并扼杀孩子个性，还容易使孩子丧失自尊心，变得逆来顺受、畏首畏尾。虽然随着孩子年龄的增长，已看不见他们身体上挨打的伤痕，但他们的内心会仍然保留着幼年时挨打的痕迹，这些痕迹会造成孩子不自信、缺乏安全感等后遗症，对孩子的个性发展和人生发展都会产生消极影响。

《白鹿原》是陕西作家陈忠实一部家喻户晓的小说，他正是凭借这本小说获得了第四届茅盾文学奖。在这部小说里，他塑造了许多具有时代意义的鲜明的人物形象。其中，黑娃作为一个反面人物，让人印象深刻。

他是地主白嘉轩的管家鹿三的儿子，白嘉轩对这个管家的儿子十分爱护，要求严格，当他犯了错误时，就跟教育自己家的孩子一样，总是严厉地斥责并打骂，希望他由此改过。可是，多年以后，这个在白嘉轩打骂下成长起来的孩子做了土匪，回到村子以后，第一件事就是打断了白嘉轩的腰。

“我恨你从小就挺着腰板教训我。”黑娃对白嘉轩说道。

“那是你嘉轩叔爱你，恨铁不成钢！”鹿三哭着对儿子说。

可是，黑娃还是一枪杆子打断了白嘉轩的腰杆子。

无数事实证明，“打是亲，骂是爱”是最大的谎言，暴力教育从来就不会让孩子变得顺从，也不会让他变得聪明和懂事，可能还会招致对父母的怨恨。聪明的父母，在教育孩子的时候一定会懂得“先处理情绪，后处理事情”。他们会试着先体谅孩子的感情，宽容和安慰孩子，处理好他的情绪，使他处于良好的情绪状态下，然后再想办法教育和引导，也只有这样孩子才会信服和接受。

教育孩子只能说服，不能压服，只能用爱交换爱，用信任交换信任。打骂教育，是一种畸形的家庭教育方式，在现代的家庭中，应该避免出现。

不是孩子没主见，就怕家长太强势

很多父母都有过这样无可奈何的时刻：

“今晚我们吃什么？”“随便！”

“这两件你喜欢哪一件？”“随便！”

“周末李阿姨要把弟弟寄放在我们家，你看着点儿他。”“随便！”

不管说什么，孩子都是一句“随便”。

也许，下面这位教育专家的亲身经历可以给做父母的一些启发：

有一天，有位热情好客的家长邀请我去某某高级酒店共进晚餐，顺便认识一下她的儿子，解决一些问题。其实，我不太喜欢在饭桌上说什么教育，当时也有其他事情脱不开身，但这个语气坚决、果断的家长，简直就是以命令和通知的语气说，希望我晚上准时到场，万事俱备，就等我开饭。

见到那个孩子的时候，我真吓一跳，那位家长看起来十分娇小，但她的儿子却十分高大。我在家长的安排下坐到孩子的旁边。

那孩子很沉默，一直都是他的妈妈在滔滔不绝地向我介绍她自己的工作、丈夫的工作，今天怎么怎么忙，实在没有别的时间等。她讲到口渴，停下来喝水，我便问旁边的小伙子：

“在哪个学校读书啊？”

“噢，他在市一中。”

“你们几点放学？”

“他们四点半就放了，也是从学校直接过来的。”唉，这妈妈真爱说话。

“爸爸在什么单位？”

“崔老师，我刚不是说了吗，他在建行上班呢。”

“你们老家是哪儿的？”

“他们是延吉那边的，爷爷那辈搬过来的。”

我实在忍不住了，就轻轻地碰了碰那位母亲，结果，这大姐说：“儿子，你往里面去点，挤着崔老师了。”

…………

饭后，妈妈说：“崔老师，你看我们家孩子长得不错吧，就是不爱说话，对什么都无所谓，哪像一个十几岁的青年啊。”

我诚恳地说：“大姐，真不是你家孩子不爱说话，而是你自己说得太多了。你看我问他的问题，都被你说完了，他还说什么呢？”

不是孩子没有主见，是根本不能有主见。孩子表达不好，因此在他说之前家长抢先说了。孩子的决定欠考虑，因此，决定早就下了。孩子呐喊，无视；孩子反抗，打压。终有一天，孩子悄无声息了，当然，又继续充当被指责对象——沉默寡言，没有主见。

强势没有好坏之分，对孩子过于强势就是把孩子推到弱势群体里！

不要将孩子推向抵制的边缘

郭女士很担心她12岁的女儿丽丽交些不三不四的朋友，因为她在丽丽的衣橱里发现了一个6瓶包装的啤酒。郭女士拿着啤酒走到女儿面前问：“这是什么？”她的口气表明她并不需要回答，只是准备开始一番更深的盘问及训斥。马上，女儿站在防御线上:“这是我收起来的半打啤酒。”“别和我要小聪明。给我讲讲这是怎么回事？”丽丽做出很天真的样子说:“我不知道你是什么意思？”“我在你衣橱里发现了这个，你最好给我解释解释。”丽丽很快地想了想:“噢，我忘了，我是帮一个朋友藏着的。”“真的？你以为我会相信？”丽丽很生气地说:“我不在乎你是否相信。”说完走进她的房间，嘭的一声关上了门。郭女士为此十分生气，认为自己完全是为了女儿好，但女儿却不领情。

这里问题的关键是郭女士的提问方式及语气并没有足够地表示出她对女儿的关心，显露出更多的是对女儿的怀疑与愤怒。郭女士该怎么办呢？她认真地反省了自己的态度，意识到由于先入为主的观点与审查的态度，可能导致丽丽对妈妈的出发点的怀疑。于是，她决定与女儿好好谈谈。第二天，女儿一回到家，郭女士看着女儿说:“我们能聊聊吗？”“聊什么？”女儿的态度很冷淡。郭女士很有准备地保持着镇定。“我猜想昨晚我因怀疑那些啤酒向你喊叫起来时，你认为我所关心的根本就不是你，而是想挑你的毛病，对吗？”她说中了丽丽的心，丽丽一下哭了起来，哽咽地说:“是的，我觉得我对你只是一个累赘，只有我的朋友才真正关心我。”“你是有道理的，当时，我充满了恐慌和愤怒，我仿佛看到你同一些不适当的朋友搅在一起，你当然感觉不出任何的爱。”丽丽终于缓和下来，郭女士接着说:“我真的很抱歉，昨天不该向你发那么大的火。”距离和敌视被亲近和相信所代替。“没什么，妈妈，我真的是为我的朋友藏着那些啤酒。”“那好，丽丽，我担心你会做什么伤害你自己的事，这种担心有时会让我反应过敏，你能给我一个机会吗？让我们重新开始交谈，一起解决这些问题好吗？”“当然，妈妈，我赞成。”郭女士觉得非常高兴，因为建立在爱和合作基础上的气氛完全改变了她们之间的关系。这次谈话的最大收获是使丽丽懂得妈妈的询问是出于对她的爱与关心，并非对她的个人权利的侵犯。

丽丽的防范心理就此取消，为下一步工作开辟了道路。

对孩子成长的热切希望，常常使家长对孩子的态度过于激烈、偏颇。这种表现给孩子们一种冰冷的感觉，在父母发火的这一瞬间觉得父母充满了敌意，而无丝毫爱的温暖。孩子的这种感觉将他们推向抵制的边缘，所考虑的是如何抵御，激化了矛盾，对教育孩子十分不利。

千万别当唠唠叨叨的家长

小乐早晨喝完牛奶，就在手上抛着空盒子玩，结果一不小心把空奶盒从窗户扔了出去，正巧打到了楼下的一位阿姨。

“谁这么没素质啊，乱扔东西，哟，里面还有牛奶呢！脏了吧唧的……”

小乐一下子意识到自己闯祸了，蹲在窗户边上不敢出声。在一旁的爸爸觉得这是一个很好的教育机会，马上斥责孩子：“你知道这种行为的严重后果吗？”

“爸爸，我错了，我以后再也不往楼下扔东西了！”小乐眼里的泪水已在打转。

“幸亏你扔的是纸盒，如果是铁盒、砖块呢？还不把人家脑袋砸破？万一砸出人命来怎么办？人人都往楼下扔东西，这个小区还能住人吗？”

“爸爸，我不是故意的，我正在……”

“大人说话的时候，你哪来这么多借口？越来越没有规矩了。”

“你自己犯了错误，不知道主动道歉，却躲在这里，我平时是怎么教育你的？”

…………

爸爸连连质问、斥责，由纸盒到铁盒到砖块到人命开始，说了一大堆，越说越严重，越说越玄乎，似乎还不满足，仍想继续“发挥”，但这时，孩子变得充耳不闻，表情淡漠了。

经常有家长抱怨，说孩子不听话，一件事讲好几遍也听不进去，讲多了，孩子又嫌自己烦。其实家长应从自身找原因，唠叨的家长往往是缺乏自信、性格软弱的人，对自己讲过的话、做过的事不放心，才会一遍遍地重复。孩子生长在这样唠叨的环境中，很难形成良好的个性。

有位老师，问过孩子们这样一个问题："你们最喜欢什么样的爸爸妈妈？"结果比较集中的回答是：

"平时不多唠叨，而当我心里有事时，他们——"

"说得上话！"

"救得了急！"

"解得了闷！"

…………

家长在教育孩子的过程中，的确需要讲究"语言艺术"，唠唠叨叨只会给孩子带来厌烦的情绪。

孩子犯错误后，你还念念不忘地时常唠唠叨叨？

当孩子想要与你交流时，你是否依旧自顾自地说，而不在意孩子的沟通意念？

唠叨并不只是一再地重复要求，即使你加了"请"这个字，还是充满了命令的意味。一个不停地嗡嗡作响的警报器是每个人都想关闭的。

孩子不会主动穿衣服、洗澡、做功课、做家务、使用电话、吃饭、打扫、练习诸如此类的事情，家长要有耐心去教导他们，但是有的家长常会唠唠叨叨的。假如你认为有必要重复地说，那就要改变唠叨的语气，换成提醒的口吻。唠叨让人很厌烦，易招致怒气，提醒的语气听起来则有帮助的意味，表示你和孩子站在同一边。

避免唠叨还要切实地提供孩子自由选择的空间。"记住在晚餐前将你的房间清理干净。”这样的说法能给予你的孩子喘息的空间，尽可能不要经常要求孩子立即做某件事，没有人会对俯冲的轰炸机有正面回应的。

没有人喜欢被控制，也没有人喜欢人家告诉他应该怎么做，特别是如果这个“吩咐”并不有趣。家长越逼迫，孩子就越抗拒，不管他年纪多大，但这并不仅是因为他不想做。

还有一点相当重要，家长必须要注意，那就是孩子想要亲近你又不要太依赖你的持续内心交战。“唠叨”刚好就给了他推开你的机会，但这是不好的开场。而尽可能在降低冲突的气氛下帮助你的孩子学会独立，给孩子一些喘息的空间，让他感觉自己有选择权会相当有帮助的。

总之，在这个问题上应注意以下几点：

（1）别只盯着孩子的缺点。

（2）批评的话不宜多。

（3）注意和孩子的情感交流。

另外，父母对孩子讲话也要经过大脑过滤，要讲在点子上，不要信口开河。说出去的话、下达的命令要算数，不能出尔反尔。

过度的保护妨害了孩子的自立

贝贝今年7岁，她喜欢到小区公园里和小朋友玩，但是妈妈不放心她一个人去，总是跟在贝贝身后，谨防她受伤。贝贝想和小诗一起玩荡秋千，两人商量好互相给对方推秋千，可是妈妈不同意：“不行，你帮小诗推的话，会推不动而且容易被秋千撞到，小诗帮你推的话，你容易掉下来，还是妈妈来给你们俩推吧！”贝贝和小诗安静地坐在秋千上，让妈妈大力点把秋千推高些，但是妈妈不同意，她害怕孩子掉下来。

每一次玩荡秋千，都是妈妈帮贝贝轻轻推，但有一次妈妈没在家，贝贝一人来跟小朋友玩，大家都猜拳来决定输家推秋千，贝贝输的时候，她根本不会推秋千，不仅力气太小而且经常自己被秋千打到，而她赢的时候，坐在小朋友推的秋千上的她紧张得要命，她不习惯秋千飞得那么快那么高，她哭着喊："妈妈，我害怕啊！"小朋友们都取笑她，那么大了还这么胆小，那么胆小还玩什么秋千啊！

有些家长，对孩子处处不放心，不放手。本来是孩子可以自己做的事，妈妈也替他做了，这就剥夺了孩子自己的亲身体验，剥夺了孩子发展能力的机会，也剥夺了孩子的自立及自信心。

"关爱孩子"是每个妈妈的本能。不少妈妈对孩子百般呵护，她们都是"慈母"，为了孩子，自己可以牺牲一切，包括金钱、面子、时间和个人利益，然而，这样的"慈母"很可能是残忍的母亲。

两位妈妈，乘假日带孩子出外游玩。两个孩子争着去放风筝，女孩用力一扯，风筝破了，男孩很生气，一巴掌就扫过去，女孩立刻哭了。这时，男孩的妈妈脸色一变，就像触电一样从座位上弹起来，女孩的妈妈连忙把她拉住。男孩的妈妈急得脱口而出："你真残忍！"女孩的妈妈却笑着说："你才残忍！"

到底谁"残忍"呢？男孩的妈妈说："你眼看着孩子被打，哭了，身为母亲，不去呵护，还阻止我去干预，这不是很残忍吗？"

女孩的妈妈却说："孩子争吵算什么？被打一下，也没受伤，为什么不让他们自己解决呢？"

两位妈妈这时望向孩子，只见他们一同跑过来，说："妈妈，风筝破了，你能把它修好吗？"

女孩的妈妈对"爱孩子"的理解是：提供机会让孩子学习与人相处及解决问题的能力，使她以后能独立生活，所以要提供她面对困难、亲自解决难题的空间。相反，对孩子太多干预，替他安排一切，帮他解决一切难题，这样一来，孩子失去了学习的机会，将来怎能做事？怎能生活呢？所以对于孩子，过度表达慈爱并非真爱，而是“残忍”。

这是有心理学依据的。孩子们在一起，争争吵吵是家常便饭，但是他们很快就会自己解决。孩子们就在这种争争吵吵、哭哭笑笑的历练中不断成长，学会了处事和做人。

有些妈妈可能要质疑这个说法，认为：“这不是抛开孩子不管吗？在孩子有困难的时候，让他失去依靠，让他感到孤立无助，哪个妈妈忍心啊？”

这就是上面两位妈妈的争论：谁才是“真残忍”的问题了。为什么呢？让孩子在发生困难的时候，立刻感到“失去依靠”“孤立无助”，不正是身为妈妈的你造成的吗？不培养孩子养成面对困难，独立思考解决困难的办法，他习惯了“依靠”，习惯了“被保护”，将来在现实生活中失去了妈妈这根“支柱”，立刻陷入“孤立无助”，没有了解决问题、自我保护的能力，你教他怎么办？这种不顾及孩子未来发展的“爱”，不就是“害”吗？

美国人给这类“真残忍”的妈妈取了个好听的名字，叫“直升机妈妈”。因为这类妈妈就像坐在一架直升机上，一直在孩子的头上盘旋，只要看到孩子发生什么事，就立刻空降在他面前，替他解决一切困难。这些直升机妈妈怕孩子受累受苦，怕孩子吃亏上当，所以总是抢在第一时间来替他排忧解难。这样做的结果，孩子当前是无忧无难了，以后长大了怎么办？台湾人给这类孩子也取了个很好听的名字，叫“草莓一族”。新鲜的草莓，嫣红可爱，但一磕碰就皮伤肉烂，惨不忍睹。

的确，对孩子过度的保护会成为一种伤害。孩子在成长的过程中，必须经历一些磨难，这是一种规律。“酸甜苦辣都是营养，生活百味都要体验。”如果把磨难和体验全部省略了，一切都替他包办，看上去是顺利了，是舒适了，结果却使他软弱而闭塞，胆怯而无能。现在有一种现象，叫

“30 岁儿童”，都到了而立之年，凡事仍不能自立，没有长辈陪在身边就惶惶不可终日。相信所有的妈妈都不希望自己的孩子是这样一种成长状况，那您就切记：关爱不要太多，保护不能过度。

不要为孩子安排好一切

莉莉的出生给爸爸妈妈带来了无限欢喜，爸爸妈妈都是高干子弟，而且晚婚晚育，接近 40 才生了莉莉，所以，他们对莉莉千般宠爱、万般呵护。妈妈四处向专家咨询，给莉莉精心制定了营养的 3 餐；对每一件给莉莉买的衣服或是玩具都细心检查，生怕质量不过关影响孩子的健康；莉莉上的是最好的双语幼儿园，从 3 岁就被送进画室学画画；为了莉莉有更多的时间来学习和学画，妈妈不让她做任何家务活，甚至连莉莉的鞋带都是妈妈帮忙系，书包也是妈妈帮忙背。总之，妈妈帮莉莉安排好了生活学习的一切，莉莉只要照着走就行，但是，娇生惯养的莉莉并没有比其他孩子出色很多，在学校时总是有些畏畏缩缩，体育课上要跳高，她被吓得大哭；老师让她起来回答问题，她总是害羞得说不出话；同学们下课打扫卫生，她总是支支吾吾不知所措，家里的娇小姐就这样在学校慢慢地逊色下来，也慢慢和同学们的距离越来越远！

这是目前中国家庭教育中极为平常的现象，妈妈为孩子安排好一切，忽视了对孩子独立生活能力的培养。据某省的一份调查表明，孩子每周从事家务劳动的时间极少，18.72% 的学生根本不参加任何家务劳动；47.78% 的学生只参加 1 小时以下的家务劳动；60.12% 的学生不会洗衣服、做饭；54.75% 的学生上下学时需要家长接送；41.19% 的家长是把洗脚水端到孩子面前的。

于是，生活能力低下，缺乏正常的与人交往、克服困难的能力，成为了时下许多孩子，尤其是独生子女的共性问题。而这一切，就归咎于妈妈长期包办了孩子的日常生活，不肯放手让孩子锻炼，不让孩子自己做决定，久而久之，孩子就养出了依赖妈妈的习惯，缺乏自立能力，也缺乏自我意识。

孩子一旦习惯了“饭来张口，衣来伸手”的生活，他们有大脑而不需要用，有手脚而不需要动，主观能动性就会丧失，养成懒惰、好逸恶劳的性格，并习惯了接受照顾，而不会照顾别人，不会为别人着想，缺乏同情心和社会责任感，这样的人，一旦进入社会，肯定不会受到欢迎。

因为当今社会，需要的不仅仅是有知识有文化的人，更需要德智体美劳全面发展的人，温室里成长的花朵即使再娇美，遇到社会的风浪终究会被摧残，而只有能屈能伸的坚毅杂草，才能“野火烧不尽，春风吹又生”。所以，培养孩子的才能重要，培养孩子的生活能力更为重要。而孩子的生活能力，就是在他一点一滴的生活中提炼出来的。因此，妈妈，让孩子自己感受生活吧！不要代劳孩子安排他的生活，他的人生终究要自己负责。

为了孩子的成长，对孩子照顾过头的妈妈们不妨做做“懒”妈妈，对待孩子时，记得以下几个“不要”：不要替孩子做一切家务活，剥夺他锻炼独立生活能力的机会；不要把自己的意志强加于孩子，剥夺孩子做自己的权利；不要对孩子监护过度，剥夺孩子的自由；不要给予孩子过度的保护，折断他应对挫折的翅膀；不要逼迫孩子追求成绩或是功名，把世俗功利的思想植在他的心上；不要满足孩子不合理的消费要求，让他远离自制和节俭的美好品格；不要过早地给孩子准备资产，剥夺他自我创造的动力；不要替孩子解决一切困难，阻碍孩子坚强意志的生长壮大……

总之，不要为孩子安排好一切，对妈妈来说，是一种解脱；对孩子来说，是一种恩赐！

尊重孩子，营造平等的交流环境

要教育孩子，首先要尊重孩子，在与孩子交流时要平等，在此基础上才会努力地去理解孩子的想法。这种平等的关系会使孩子愿意同父母交流，并能听得进父母的说教，这是做好子女教育的首要条件。为了做到这些，我们在对孩子的教育上要尽可能地多一些人性化，从子女容易接受的事和有关的问题出发，给他提建议，让他明白哪些该做、哪些不该做。

孩子最初受人尊重的感觉是从父母那里得到的，尊重别人的意识也是在日常生活中经过多次的训练、教育和不断地强化而逐渐建立起来的。而且只有那些能够得到父母的尊重与爱的孩子，才会懂得如何去尊重别人、爱别人。所以，家长请不要忽视孩子的“平等观”，爱他就要让他知道你很尊重他。应放下长辈的架子，蹲下身来与男孩交谈，而不要总给孩子“高高在上”的压迫感。

可是，我们常常可以看到父母站在那里用“过来！别摸！”“去！去！去！别烦我”等居高临下、命令式的语言语调大声呵斥孩子。很多家长之所以与孩子交流的效果不好，正是因为家长与孩子交谈时，往往以长者自居，对孩子缺乏应有的尊重。大多数父母总喜欢把孩子当作小“豆包”，没有在情感上给他们公平的待遇。殊不知，孩子早已有了自己的思维与尊严，他们渴望与大人平起平坐，渴望大人把他们当作平等的个体来看待。

如果父母从不考虑孩子的感受，孩子就会感到在家里没有话语权，无处发泄心中不满。久而久之，孩子就会成为窝窝囊囊、沉默寡言的“闷葫芦”。家长可以通过家庭会议的方式解决这一问题。

家庭会议能让孩子找到一个说话的窗口，在这里，孩子可以被倾听，可以参与到交流甚至是解决问题的环节中，而这一切都是在平等民主的氛围下进行的，无形中对孩子是一个良好的熏陶，孩子的民主意识加强，也有助于孩子走向独立。

家庭会议是孩子成长的一个小渠道，他可通过家庭会议上讨论的问题而逐渐熟悉家庭结构。孩子渐渐地了解在一个完整的家庭里，需要考虑到：家务、财务预算、日程安排和生活方式。而这些，为孩子离开父母自立门户，以后更好地适应社会打下了坚实的基础。这种方式可以锻炼孩子的语言表达能力和判断能力，在会议上的讨论无形中也扩大了孩子的眼界。

孩子的想法得到了表达，情绪也得到了宣泄，同时家长走进了孩子的心灵，孩子心理更加健康，家庭也会更加和谐稳定。

那么，召开家庭会议时应该注意些什么呢？为了保证家庭会议能够长久有效地举行，又要遵循哪些原则呢？有以下几点，家长可以参考。

（1）长辈负责主持会议，制订规定，并要求全体人员互相监督和执行。

（2）除非有特殊情况，否则每位成员不得缺席。

（3）不管是反对还是赞同，每个成员都有表达自己意见的权利。

（4）做到耐心倾听不打岔，不得在会议中大喊大叫，影响会议进行。

（5）不能使用侮辱性或贬损的语言，每位成员之间应做到互相尊重。

（6）将分散注意力的东西减到最少。关掉电视、电话和收音机等。

（7）家庭会议中提出来讨论的问题，每位家庭成员都能提供解决的办法（最后尽量选择大家都赞同的方法）。

（8）由家中的成人做最后决定。

家庭会议只是沟通方式中的一种。家长也可以尝试用其他方式与孩子建立平等的关系，增进与孩子的交流。

如果发现你的孩子总是不愿与你交流，就该反省一下自己了。花点心思，营造一个平等的、孩子乐于接受的沟通方式，将使你和孩子的感情更为深厚，对孩子的语言能力、思维能力也是一种极好的发掘和锻炼。

过分苛责会伤害孩子

欣欣从小学二年级就开始练小提琴，一方面出于自己的爱好，另一方面一直寄希望于文艺特长能对高考录取有利。

一次，欣欣正在练琴，妈妈在旁边监督，发现她的手形不对，就用一根小棍挑起她的手腕，大声训斥：“跟你说过多少次了，手形不对，你怎么总是出错啊？”

欣欣马上改了过来，但是不一会儿，手形又不对了，妈妈又大声训斥她：“已经跟你说过了，要保持正确的手形，怎么就是不听啊。你有没有脑子？真不配做我女儿！”

欣欣听了很不高兴，也有些着急，于是她对妈妈喊道：“我不练了，我就是练不好！我真不配做你女儿！”说完就跑了出去。

其实刚开始练琴时，欣欣很有积极性，每天都主动要求练琴，并且很努力。但在妈妈一声高过一声的训斥中，弹琴变成了欣欣最讨厌的事情。后来，她对钢琴完全失去了兴趣。

有教育专家曾指出，责备孩子的声音越小，孩子听得就越认真，教育的效果也就会越好。相反，责备的声音越大，孩子就越害怕，教育的效果也会越坏。美国教育专家的一项研究结果也显示，不仅肉体处罚会伤害到孩子的心理健康，父母对孩子动不动就破口大骂，也有可能在以后的岁月给孩子造成心理伤害。孩子容易犯错，并经常犯同样的错误，父母的批评教育是必要的，但也应该讲究方式方法，千万不要对孩子过于苛责，更不能对孩子说一些尖酸刻薄的话，因为苛责孩子只会伤害孩子的心灵，加重其心理压力，甚至还会影响孩子的正常发育和成长。

小乾的爸爸是单位的领导，做事雷厉风行，有胆识、有魄力，平时很受人尊重，可是小乾呢，却个性胆小懦弱，做事没有主见，在公众场合表现得羞怯焦虑，他爸爸对此有些恼火。

有一次，小乾的爸爸带着儿子去参加单位举办的一个聚会，聚会上有抽奖和互动环节，结果抽到了小乾的名字，要求小乾表演一个节目，之后就能领取一份奖品。

爸爸对小乾说：“真幸运，儿子，去表演一个节目吧！”

可小乾的脸马上就红了，他向爸爸求救道：“爸爸，我害怕在别人面前表现，你帮帮我吧。”

小乾的爸爸一听这话，气就不打一处来，数落小乾道：“你怎么这么没出息，真不配做我的儿子。”

自从爸爸这次在大庭广众之下训斥了小乾之后，小乾表现得更加不自信，更害怕与人接触了。更为可怕的是，只要爸爸一大声说话，小乾就害怕，父子俩几乎不再交流了。

父母过分地苛责孩子是不能教育好孩子的，还会折磨和伤害孩子，因此父母在家庭教育中一定要避免这种行为的出现。具体来说，父母可以从这些方面加以努力：

1. 指责要适时和适度

父母在指责孩子的时候，一定要选对时间和地点，不要在众人面前指责孩子，不要在孩子吃饭的时候指责孩子。尽量选择在孩子自己的房间里，选在孩子睡觉前，一般而言，这时候孩子的心情比较平静。而且，要尽量选在孩子犯错的当天或者第二天对孩子进行一些必要的批评教育。此外，尽量少对孩子说一些过分的话和苛责的话，比如“我怎么养了你这么笨的孩子”之类的很伤害孩子自尊的话。

2. 要控制好自己的情绪，语气尽量温和

一些父母在得知孩子犯错时常常会情绪激动，不分青红皂白就责骂和数落起孩子来，结果孩子往往因惧怕而一句也没听清楚，根本起不到教育的效果。如果父母能控制好自己的情绪，孩子会更好地明白父母的意思和自己的错误所在，从而改正错误。

3. 在指责孩子的同时，要耐心地指出孩子错误

指责孩子，一定要给孩子指出他的行为或者言语错在哪里，否则只是一味地告诉他“你今天表现得不好”或者“你做的那件事情糟糕透了”，会让孩子觉得莫名其妙。因为，有可能他并没有意识到他做错了什么，或者在他看来，那些行为并不算是错误，这就需要父母很明确地告诉孩子。总之，想教好孩子，父母一定要注意自己的态度，千万不能过分苛责。

父母有边界感，孩子才有自发成长的空间

菲菲已经是小学二年级的学生了，是一个可爱的小姑娘。但是，这个可爱的小姑娘却非常粗心，她做作业的时候从来不检查，总是把很简单的题目都做错。每次菲菲写完作业，就对着妈妈叫道：“妈妈，我写完了！”然后，把作业本、文具盒往桌子上一扔，就匆匆忙忙离开桌子，打开电视或者跑到外面去玩。接着，菲菲的妈妈就帮菲菲收拾书桌，把课本、文具等收拾到书包里，然后，再将菲菲的作业从头到尾检查一遍，用铅笔把错误的题目勾出来，再叫菲菲来改正。对于妈妈指出的错误，菲菲从来不问为什么，想一下就拿起笔来改，因此，她改过的题目经常还会出现错误。这时，菲菲就会不耐烦地嚷道：“妈妈，到底应该怎么做呀？”妈妈见菲菲不肯动脑筋，一边抱怨菲菲不自觉认真学习，一边只得把正确答案告诉她。

生活中有很多像菲菲一样的孩子，他们好像一个傀儡一样，不会独立检查作业，不会独立收拾自己的书包，也不会自己思考错题的改正方法，

好像没有自己的思想一样。妈妈们会抱怨他们不自觉，但其实应该是孩子抱怨妈妈管太多。因为妈妈把检查作业、收拾书包的工作都代劳了，才养成孩子不自觉的习惯。

孩子刚出生的时候，生理心理的各项功能都还没有发育成熟，他无法独立生存，需要依靠他人的照顾。但随着孩子身心发育的健全，他学会了爬行、学会了走路、学会了说话，学会了自己出门、学会了与人交往……孩子学会的东西越来越多，他能学会的还有更多，但是，在许多妈妈心里，孩子再大也是自己的孩子，她们已经习惯了无微不至地照顾孩子：给孩子喂饭、帮孩子洗脸、帮孩子收拾书包、帮孩子做作业……基本上能帮的都帮了。在这种情况下，孩子能学会自觉吗？他从未尝试过自己做自己的事情的味道，怎么会平白无故地学会自觉呢？即使他一时兴起自觉做了某件事，但是习惯于依赖妈妈的他自然会觉得做事情很费劲，还不如让妈妈做好。久而久之，孩子越来越依赖妈妈，越来越懒散，而离自觉就越来越远。

实际上，不自觉对于孩子的成长是很不利的。对于孩子的终身素质来说，独立性是最重要的素质之一，而不自觉的孩子完全依赖于妈妈，四体不勤，无法独立生活。所以，明智的妈妈应该从孩子的长远发展来看，让孩子从小就做一些力所能及的事情，注意从生活的各方面来培养孩子的独立性，对孩子进行自觉主动的自主教育，逐渐养成孩子的自觉意识和习惯。

自觉主动的自主教育的内容是从孩子的实际情况出发，调动孩子的内在积极性，发掘其潜能。美国著名教育心理学家赫施密特指出：“自觉主动的自主教育实现的是受教育者和教育者的合一，使教育的对象成为主体，由于自身掌握了主动权，个人将在发展的过程中拥有无穷的力量和智慧。如此，不仅使受教育者的潜能得以极大的开发，而且使教育者得以身心的解脱。而这里的关键在于，教育者必须掌握以一驭万，能够真正诱发受教育者主动性的策略。”